FUNCIONALIZAÇÃO DO DIREITO E SOCIALIZAÇÃO DOS INSTITUTOS CIVIS

Marcos Ehrhardt Júnior
Fabíola Albuquerque Lôbo
Lucas Barroso

Organizadores

EDITORA MERAKI

Copyright © 2019 Editora Meraki Ltda

Todos os direitos reservados.

ISBN: 978-10-884-5751-1

Acompanhamento editorial Leonam Liziero
Capa e ilustrações internas Brenda Santos

Editora Meraki
Conselho Editorial
Alexandre Walmott Borges (UFU)
Alessandra Silveira (UMinho)
Ari Marcelo Solon (USP)
Dawid Bunikowski (UEF)
Diva Julia Safe Coelho (PNPD-CAPES/UFU)
Felipe Magalhães Bambirra (UniALFA)
Gonçal Mayos (UB)
José Carlos Remotti (UAB)
Osvaldo Alves de Castro Filho (UFMS)
Saulo Pinto Coelho (UFG)

E33 Ehrhardt Júnior, Marcos et al.

    Funcionalização do Direito e Socialização dos Direitos Civis / Marcos Ehrardt Júnior; Fabiana Albuquerque Lôbo; Lucas Barroso (Coord.). Andradina: Meraki, 2019.

    Bibliografia

    ISBN 978-10-884-5751-1

    1. Direito 2. Direito Civil.

    1. Título

    CDU – 347   CDD – 347

IDCC

CONTEÚDO

APRESENTAÇÃO

Esta obra representa mais um tijolo destinado a pavimentar uma estrada que leva a construção de uma perspectiva de compreensão do Direito Civil Brasileiro através da humanização das relações entre particulares. O livro resulta das reflexões e debates ocorridos no V Seminário do grupo de pesquisa intitulado Perspectivas e Novos Desafios de Humanização do Direito Civil-Constitucional, sediado pela Universidade Federal da Paraíba (UFPB) e composto por pesquisadores de mais de dez instituições universitárias brasileiras e estrangeiras, em formato de rede de pesquisa, nomeadamente de Instituto de Pesquisa (conferir www.institutodcc.org.br).

O Grupo de trabalho do qual foram retirados os textos deste livro tinha como objetivo refletir sobre a hermenêutica do direito civil a partir de seu matiz constitucional, especialmente no plano das relações familiares, que desperta tantos debates e reflexões sobre o valor jurídico da afetividade e novos arranjos familiares.

Deve se destacar que durante os debates, a questão das peculiaridades das relações conjugais e parentais sobressaiu para fundamentar a premente necessidade de maior aprofundamento no estudo de métodos alternativos de resolução de conflitos na seara das relações familiares.

O livro inicia com a contribuição de Lauro Ericksen que discute o próprio conceito constitucional de entidade familiar, dialogando em seguida com o trabalho de Ítalo Barbosa Leôncio Pinheiro, sobre o reconhecimento da pluriparentalidade e seus reflexos na visão dos Tribunais brasileiros.

O tema do reconhecimento de novas entidades familiares também é abordado no trabalho de Edhyla Aboboreira e Monique Ximenes Lopes de Medeiros, que estudam o reconhecimento de uniões poliafetivas pelo Conselho Nacional de Justiça, fechando a seção de textos que retratam as relações conjugais e o estágio atual de seu desenvolvimento no cenário brasileiro.

Passando para a seara das relações parentais, o artigo de Alice Soares da Silva e Manuela Braga Galindo aborda a influência da espécie de guarda na solidificação ou rompimento da alienação parental, tema de difícil análise empírica, quer seja pelo sigilo que se impõe aos processos que tratam das questões familiares, que pela

i

condição vulnerável dos menores envolvidos em disputas, por vezes sem sentido, que não vislumbram o melhor interesse das crianças e adolescentes, negligenciando a inevitável constatação que o rompimento do relacionamento conjugal não deve alterar o relacionamento parental de nenhum dos cônjuges.

Ressalta se, neste ponto, a importância da mediação nos conflitos familiares, como também a necessidade de uma melhor compreensão acerca da possibilidade de utilização de técnicas de constelações sistêmicas como uma das alternativas para sua solução. Tal discussão pode ser aprofundada no trabalho de Nathália Ramalho Espíndola Beltrão e Maria Cristina Santiago.

Chegamos ao final desta obra tratando da questão do direito ao nome do natimorto, a partir de uma análise da tutela da dignidade humana, contribuição de Tássio José Ponce de Leon Aguiar e Wladimir Alcibíades Marinho Falcão Cunha.

Para nós, que atuamos como coordenadores do grupo de trabalho que originou o presente livro, resta registrar a satisfação com a riqueza e qualidade dos debates desenvolvidos durante mais um bem sucedido evento organizado pelo IDCC, esperando que o leitor, assim como nós, possa apreciar o resultado de pesquisas bem direcionadas e comprometidas com a humanização do direito civil em nosso país.

João Pessoa, 13 de abril de 2019.

Prof. Dr. Marcos Ehrhardt Júnior
Universidade Federal de Alagoas - UFAL

Profa. Dra. Fabíola Albuquerque Lôbo
Universidade Federal de Pernambuco - UFPE

Prof. Dr. Lucas Barroso
Universidade Federal do Espírito Santo - UFES

ORIGINALISMO, TEXTUALISMO FORTE E O CONCEITO CONSTITUCIONAL DE ENTIDADE FAMILIAR (FAMÍLIA)

LAURO ERICKSEN

1. Introdução

O trabalho tem como temática a hermenêutica originalista, o método de interpretação constitucional que se denomina como um "mal menor" diante das possibilidades interpretativas de outras modalidades, como, por exemplo, o progressismo, neoconstitucionalismo ou ativismo jurídico. A proposição interpretativo-filosófica do originalismo de ser um "mal menor" (*lesser evil*), como argumenta Antonin Scalia (1989, p. 849), coloca-se como sendo o "maior bem comum possível", diante das possibilidades hermenêuticas que são colocadas no estudo constitucional moderno.

O trabalho em apreço é dividido, didaticamente, em mais duas seções, além do presente introito e de uma conclusão ao final. A seção subsequente visa apresentar os elementos mais básicos do originalismo, definindo-o como uma metodologia hermenêutica de cariz histórico, utilizada em larga escala no direito norte-americano, mas pouco desenvolvido e pouco estudado ainda no Brasil, em grande parte, pela pouca produção acadêmica em língua portuguesa, o que acaba fechando as possibilidades de estudos mais abrangentes sobre tal tópico hermenêutico. A terceira seção do trabalho vai se dedicar a aplicar os fundamentos originalistas ao estudo do conceito de família, mais especificamente à determinação constante no caput do artigo 226 da Constituição Federal e a exigência inarredável de um homem e uma mulher para a realização do casamento, expondo, segundo uma concatenação originalista e textualista que não há outra interpretação possível para ler esse artigo que não advenha de uma fonte extra-texttual, e, portanto, inconstitucional. Derradeiramente, as considerações finais farão um fechamento dos principiais tópicos analisados no tocante ao tema em desenvolvimento.

2. Objetivos originalistas: interpretar e ler a lei; jamais criá-la.

Inicialmente, é bastante importante denotar que o originalismo deve ser definido, de modo bastante comezinho e direto, como uma proposição hermenêutica, de fundo eminentemente constitucional. Assim, o originalismo é uma forma de interpretar os comandos e as diretrizes constitucionais de uma maneira bastante singular, preocupando-se sempre com os estritos limites descritivos e enunciativos da própria norma em apreço, tolhendo-se, veementemente, de fazer inovações interpretativas que venham, porventura, a representar qualquer forma de inovação legislativa ou normativa sobre os temas e contextos em apreço. Toma-se um cuidado e uma cautela bem determinada em não se promover ou elastecer os limites de aplicação de certo conceito jurídico por meio da dinâmica hermenêutica a ele aplicada.

Dado esse primeiro comando de explanação sobre o originalismo, é de grande valia apontar que a metodologia adotada consiste em pesquisa teórica e documental. Os estudos se concentraram na análise e coleta bibliográfica das doutrinas jurídicas relacionadas ao tema.

De modo mais específico, a metodologia hermenêutica empregada diz respeito à subsunção do conceito de entidade familiar ao sentido original posto em relevo no texto constitucional. Sem essa perquirição de caráter histórico não se chega ao entendimento que a única fonte de princípios e normas constitucionais é o entendimento (ou o sentido) original do texto da Constituição por si mesma (GOLDFORD, 2005, p. 99). Dessa feita, é o resgate da inquirição histórica da pujança textual da Constituição é o que distingue o originalismo de um simples "legalismo hermenêutico estrito", que remete ao legalismo exegético do século XIX, no qual há uma mecanização do jurista em detrimento da letra da lei (HERNANDEZ GIL, 1945, p. 46). É necessário que seja feito o recorte conceitual adequado do que é originalismo, e alguns de seus conceitos anexos (sentido original e inquirição histórica, por exemplo) para que sua aplicabilidade prática ao conceito constitucional em apreço seja mais bem compreendida.

Metodologicamente, portanto, o originalismo se apresenta, filosoficamente, como um textualismo forte, ele se atém ao texto constitucional propriamente dito e somente a partir do que foi empreendido em seu sentido mais originário é que se pode fazer uma inquirição histórica do que foi dito pelo constituinte, dessa forma, toda e qualquer asserção que destoe dessa premissa é espúria e inconstitucional.

Uma interpretação originalista se direciona a ler o texto legal, ou constitucional, como na maioria dos casos, segundo um critério de seu sentido original. Todavia, mais do que simplesmente tentar reconhecer, ou até mesmo encontrar ou descobrir o que é esse sentido original a ser descrito, consiste em saber que há uma continuidade normativa (SACHS, 2015, p. 817), que ao passar do tempo, manteve o constructo constitucional mantido, não tendo sido de nenhuma forma repelido do ordenamento jurídico de uma forma mais ampla, ou quiçá, até mesmo abrandado por alguma das maneiras de alteração constitucional.

O que se reproduz e que se perpetua temporalmente durante a continuidade não abalada dos comandos constitucionais é justamente o que o hermeneuta originalista busca encontrar, o sentido original se cristaliza nesse comando que perpassa por gerações e se ratifica como uma norma socialmente válida, independentemente do que outros autoproclamados pensadores livres possam tentar inserir como moralmente válidos ou mais adequados, de um ponto de vista politicamente correto. O viés interpretativo originalista também serve para prevenir que os próprios políticos, ou outros juízes com aspirações políticas por meio de sua função jurisdicional típica, façam com que os ramos governamentais de entes públicos acabem por direcionar, incorreta e violentamente, os destinos da liberdade dos entes privados, desde que suas ações possuam uma base normativa adequada ao que está escrito como sendo a lei.

Os direitos das pessoas estão escritos no texto constitucional e o governo é obrigado a honrá-los e dar-lhes coercitividade na estrita e singela concordância com o que está escrito. Ações governamentais, ou de prestação jurisdicional, que infrinjam esses direitos ou subverta, de qualquer modo direto ou indireto, são plenamente inconstitucionais e ilegais (PAULSEN; PAULSEN, 2015, p. 26). Qualquer forma de alteração constitucional que não provenha na formatação adequada para promover emendas e alterações não se presta a servir como a vontade do povo, em termos de força motriz no processo constitucional de estabelecimento de metas e de valorações socialmente aplicáveis. Dessa maneira, não é compatível com nenhum Estado de Direito, nem mesmo com nenhuma acepção democrática de prestação jurisdicional, que haja uma mudança quantitativa ou qualitativa no texto constitucional que não seja pelos meios formalmente propostos precipuamente para esse fim.

Compreender que o texto constitucional é um organismo vivo e que é mutável pela simples colocação opinativa ou argumentativa de um juiz (ou ministro de corte constitucional, a depender do modo de controle aplicado, se concreto ou abstrato), acaba por subverter e por em risco toda a ordem constitucional construída e debatida historicamente. O desrespeito patente à autoridade e às instituições se coloca de modo indefensável sempre que uma proposta interpretativa muda o conteúdo ou a indicação do conteúdo de uma determinada norma constitucionalmente prevalente pela simples emissão de juízo de um membro do Poder Judiciário, ou de qualquer outro Poder estabelecido constitucionalmente.

Derradeiramente, há de se compreender que não se cabe fixar uma tese jurídica com base numa interpretação própria do conceito natural (ou social) de justiça ao revisar uma normativa legal em detrimento da aplicação de princípios fixados no próprio texto constitucional (DUNCAN, 2016, p. 13). Os juízes ou ministros não detém tal forma de poder judicante, que acaba por transbordar suas funções típicas por se tornar um poder político por excelência, afinal, eles só podem determinar a validade de uma lei ao julgá-la segundo os poderes delegados legislativamente de acordo com a Constituição, ultrapassar esses limites, criando ou inovando no ordenamento jurídico é uma violação patente de seus limites institucionais, uma quebra no equilíbrio entre os Poderes constituídos.

Outro preceito fundamental ao originalismo é o apego primordial ao texto constitucional por si mesmo, algo usualmente compreendido como textualismo. O corolário básico do textualismo é o princípio pelo qual um texto legal significa aquilo que é dele compreendido a significar no momento em que foi legislado (produzido pelas vias legislativas, de modo mais amplo), e não um novo significado a ser perquirido por uma mudança considerável ou radical pelo passar do tempo (RING, 2016, p. 22). Assim, o significado da lei depende do próprio texto, já que seu significado está fixado temporalmente. Um textualista deve olhar para o significado norteado pelo texto, atrelado ao que jaz no âmago das linhas textuais, e, assim, deve-se rejeitar a especulação judicial que recaia tanto sobre a derivação de significado extratextual, bem como também que rechace o desejo do leitor por consequências antecipadas (SCHAERER, 2014, p. 795). Se o texto fosse tão desimportante, e suas palavras de pouca ou de quase nenhuma envergadura, ele nem sequer precisaria ser escrito, já que, com o tempo, a sociedade haveria de mudar, e com tais mudanças, normas regras de aplicabilidade social poderiam ser desenvolvidas, sem que nem sequer estivessem emolduradas pela formalização escrita de uma atividade legislativa.

Dessa feita, é de suma importância compreender que o originalismo busca não se desviar do texto, aquilo que as palavras indicam de modo mais claro e cristalino, e também se pauta no sentido e no significado hermenêutico do que o próprio texto era capaz de representar no momento de sua produção (sentido original de interpretação). Em última instância, desejo do originalismo é restringir a amplitude da discricionariedade decisória dos juízes em questões constitucionais, e de modo mais abrangente, uma constrição contundente do ativismo judicial (SOLUM, 2011, p. 41). Assim, o originalismo visa tolher qualquer interferência externa interpretativa que tenha como intenção macular o texto propriamente dito, por mais que, aparentemente, todo o argumento em prol de uma interpretação extratextual, seja de um modo ou de outro, trazer uma melhora ao que está sendo lido ou interpretado.

Os detratores do originalismo sempre se colocam como sendo progressistas, ou de alguma sorte, arautos da boa notícia (em termos interpretativos). Para o bem (ou para o mal) toda e qualquer sorte de provimento extratextual de interpretação está eivado de um subjetivismo destoante do contexto de interpretação legal ou constitucional aceitável. A interpretação não pode depender de intenções desconhecidas de subjetivismo não reconhecidas pelo método originalista (PUTTICK, 2017, p. 47). Não há espaço para a incursão subjetiva de progressismo quando o próprio texto legal (ou constitucional) provém as ferramentas adequadas para dirimir qualquer questão legal ou jurisdicional que seja posta a prova, isso ocorre, principalmente, quando a interpretação ou a sua forma interpretativa mais exemplar derive de uma literalidade inarredável (SCHWEITZER, 2017, p. 751). Quanto mais plana e simples a interpretação a ser colhida do texto constitucional, mais indicável é a sua aplicação imediata e sem questionamentos, majoritariamente, quando tal dissenso é aberto por uma forma de interpretação extratextual, com base em "princípios" quiméricos, subjetivistas, pretensamente progressistas, ou de qualquer outra sorte baseado em valores "morais" que porventura sejam clamados por uma parcela (ainda que minoritária ou irrelevante) da sociedade.

O âmbito das pressões e das alterações políticas é o evento legislativo que altera ou que revoga um estatuto jurídico ou uma cláusula constitucional, somente através desse meio adequado de proposição e de posicionamento de ordem política é que uma alteração no sentido textual é aceitável, ler algo que não está escrito apenas para fornecer o favorecimento político de um ou mais grupos atenta frontalmente contra o Estado Democrático de Direito. Outrossim, percebe-se que a defesa do originalismo, e, consequentemente de seu textualismo, é apenas uma forma de defender a democracia e as instituições democraticamente estatuídas temporalmente, sem essa manutenção da autoridade qualquer interpretação (com grande ênfase nas extratextuais) passa a ser aceitável, e, aplicável, qualquer que seja a querela posta.

Dessa maneira, há de se compreender que o originalismo, compreendido como um método interpretativo constitucional propõe-se, precípua e derradeiramente, a ler a Constituição e a interpretá-la segundo seus ditames estritos, sem criar nenhum conteúdo normativo que lhe extrapole seu entendimento mais claro e cristalino. Ou seja, o originalismo não pretende trazer nenhum elemento externo ao contexto constitucional, nem sob a pretensa égide de "melhorar" o texto já consolidado, ou de alguma outra forma prover o progresso social e a sua prática que, porventura, esteja em descompasso com o que está textualmente escrito no texto constitucional. Compreende-se que não é válida a alteração ou a mudança no sentido de interpretação de um determinado excerto constitucional simplesmente pela vontade do hermeneuta. Toda e qualquer alteração textual deve advir de um processo legislativo adequado, o qual corresponde, em última instância, à vontade do povo, ainda que manifestada de modo indireto em seus mecanismos democráticos de manifestação e atuação.

3. O conceito constitucional de família e seus limites hermenêuticos

Intenta-se investigar, à luz dos postulados do originalismo, o excerto contido no parágrafo 3° do artigo 226 da Constituição Federal de 1988, o qual enuncia que: "o homem e a mulher como entidade familiar". Visa, portanto, tecer críticas ao entendimento elástico e distanciado do texto constitucional exarado, por exemplo, na ADI 4.277 e na ADPF 132, os quais desconsideraram a noção mais elementar de homem e mulher como sendo qualquer outra possibilidade de formação que suplante a noção de casal como assentado no sentido original (SCALIA, 2016, p. 23) traçado pelo Poder Constituinte Originário. Dessa forma, texto constitucional guarda o próprio sentido a ser perseguido pelo hermeneuta, o originalismo privilegia a importação semântica das palavras e das frases promulgadas na Constituição.

Em consentâneo com o supracitado artigo 226 da Constituição Federal, o artigo 1514 do Código Civil estabelece que "O casamento se realiza no momento em que o homem e a mulher manifestam, perante o juiz, a sua vontade de estabelecer vínculo conjugal, e o juiz os declara casados". Mais uma vez, no que tange à hermenêutica originalista, o intento proposto é o de se coadunar a locução "o homem e a mulher" à noção mais elementar de entidade familiar proposta na própria Constituição, sem que seja necessário recorrer, como propõem outras correntes interpretativas constitucionais, a elementos estranhos ou alienígenas ao texto maior, e superior, hierarquicamente em termos normativos.

Toda possibilidade de "aplicação constitucional" busca suplementar a confecção de regras e procedimentos para os quais o conteúdo concreto pode ser aplicado a casos particulares e controversos (BARNETT, 2013, p. 412), especificamente, no que tange ao conceito de família ou entidade familiar. Todavia, essa aplicação constitucional deve, em todo caso, restringir-se ao sentido originalmente perquirido interpretativamente, não podendo estar dele apartado ou desconectado de forma alguma.

Qualquer conceito mais básico ou elementar de família, ainda que sob a égide jurídica da inclusividade e da pluralidade não se olvida da noção de comunhão em união (estável ou de casamento), e certamente da sua prole. Dessa maneira, a família revela-se importante na qualidade de instrumento de inclusão social e formação do indivíduo. Une-se pela convivência e comunhão de afetos sob a mesma direção:

Família no sentido amplíssimo seria aquela em que indivíduos estão ligados pelo vínculo da consanguinidade ou da afinidade. Já a acepção *lato sensu* do vocábulo refere-se àquela formada além dos cônjuges ou companheiros, e de seus filhos, abrange os parentes da linha reta ou colateral, bem como os afins (os parentes do outro cônjuge ou companheiro). Por fim, o sentido restrito restringe a família à comunidade formada pelos pais (matrimônio ou união estável) e a da filiação (DINIZ, 2008, p. 9).

Certamente que nem todas as famílias unicamente constarão apenas do pai, da mãe e do filho ou dos filhos, no plural. O conceito mais lato já dá a entender que a centralidade do núcleo descrito no artigo 226 do texto constitucional se atém, precipuamente, à própria gênese da família, ou seja, do seu centro norteador mais elementar. Não impedindo, por exemplo, em virtude dos convívios e do senso ético de responsabilidade com os membros da família (lato senso) de uma idade mais avançada, que os pais, morando com os filhos, venham a dar guarida a um dos avós (maternos ou paternos, indiscriminadamente) ou a ambos os avós, de ambos os lados da ascendência familiar. Esse acréscimo, seja ele temporário, caso se trate apenas de um eventual problema de saúde de um dos idosos em apreço, ou até mesmo permanente, quando as condições de vivência do próprio ente familiar requerem um nível de atenção mais aprofundado e cuidados mais extensivos e mais presentes na rotina diária, não afastam a constituição familiar.

Isso se faz até por uma questão de lógica, caso se possa pensar que, derivativamente, aqueles pais, com aquele filho ou até mesmo com ambos os filhos, já formaram, outrora em um momento pretérito, também, uma unidade familiar destacada. Seguindo apenas a linha temporal de crescimento e reprodução familiar, o núcleo se deslocou para uma nova entidade familiar, que em um momento de reciprocidade, afeto, e ética, finda por acolher também o ascendente dentro do arranjo familiar cogitado.

Todavia, para dragar toda e qualquer força semântica interpretativa que emana do artigo 226 da Constituição Federal, e, assim sendo, ler de outra forma o que está escrito de forma inarredável qual é a configuração básica e inexpugnável do casamento, existe uma miríade de interpretações que forçam entendimentos diversos, progressistas e, de toda sorte, fora daquilo que o sentido originário mais próprio da norma em apreço significava, ainda significa, e, até o dia que for mudado por eventual emenda constitucional, vai continuar a significar: o casamento é entre homem e mulher, qualquer outro arranjo possível viola a literalidade do texto em apreço. Esse é o entendimento originalista.

O estado de qualquer união diversa da descrita no texto constitucional é uma ferramenta primária para encorajar a estabilidade parental e o suporte privado para os filhos (que lhes são dependentes) que são trazidos ao mundo, enquanto que uma definição de casamento que extrapole os limites textuais simplesmente, de modo unívoco, há de nulificar tais premissas (ALVARÉ, 2018, p. 12). No caso em apreço, a definição tradicional de família, formada por um homem e uma mulher (e sua prole, consequentemente), é o que faz com que o conceito constitucional de casamento se restrinja única e exclusivamente a tal conformação. Ademais, se o contexto literal da constituição atrai a definição em tela, não cabe a uma norma legal alterar ou redefinir tal determinação, sob pena de recair em uma flagrante ilegalidade e em um erro tenebroso, indicava o Justice Scalia citado por Ring (2016, p. 97).

As miríades argumentativas contrárias ao entendimento originalista se apresentam de diversas formas, algumas aderem ao princípio da dignidade da pessoa humana e a sistemática dos direitos fundamentais humanos (ALVES, 2001, p. 133), advogando que a realidade constitucional não pode ser monolítica e concretamente fechada em apenas um dispositivo. Outros indicam que o princípio da afetividade é o responsável por convolar qualquer espécie de relação em uma relação prioritariamente familiar, tal como o faz Dias (2005, p. 68), ao se referir que "o princípio norteador do direito das famílias é o princípio da afetividade". O complemento é dado por Lôbo (2005): "onde houver uma relação ou comunidade unidas por laços de afetividade, sendo estas suas causas originária e final, haverá família". A afetividade, nesse contexto, deixar de ser um dos elementos constitutivos da relação familiar para ser o elemento criador do contexto familiar em apreço, de mero constituinte ela se convola em um super princípio que é capaz de, até mesmo, alterar a leitura de um texto constitucional expresso (o caput do artigo 226 da Constituição) para que ele possa ser lido de forma apenas a privilegiar o "afeto" em detrimento de qualquer outro valor lá subscrito de forma não expressa, e até mesmo contornar o seu comando mais expresso da conjugação de um par familiar: um homem e uma mulher, dando qualquer outra interpretação diversa aplicável, de acordo com tais premissas pouco textuais.

O originalismo parte da premissa elementar que uma determinação constitucional tem uma prevalência muito maior que qualquer argumentação de viés político que busque simplesmente atender parâmetros "pluralistas" (como utilizados em diversas passagens da ADI e da ADPF citadas) ou por necessidade de adequação aos "avanços sociais" e das "mudanças históricas", afinal, sempre que se busca alguma escolha de valor, ela deve ser reminiscente ao sentido original do texto constitucional, e não aos próprios membros do órgão que prolatará a decisão (BORK, 1971, p. 4) Cumpre salientar que tal premissa originalista advém do direito norte-americano, o qual se atrela a uma Constituição muito mais antiga que a brasileira, e que possui muito menos emendas também, o que denota, certamente, uma mutabilidade histórica muito mais restrita, quando se compara com a Constituição brasileira, que é muito mais recente e sofreu imensamente mais alterações que a americana.

Ainda assim, não houve, até o presente momento, nenhuma alteração constitucional que validasse qualquer outra leitura originalista que não seja a que se enquadra no perfil "conservador" ou "tradicional" do casamento, simplesmente por dois motivos. O primeiro deles é porque não há outra forma de ler a designação do caput do artigo 226 que não seja pondo um homem e uma mulher como elementos constitutivos necessários para o casamento, nenhuma leitura que invoque qualquer leitura sistemática de direitos humanos ou qualquer outro pretenso super princípio como o da efetividade não foram capazes de apagar o que está textualmente posto. O segundo motivo dado é que há uma confluência inarredável e claramente perceptível entre o originalismo e posições conservadoras ou tradicionais, o exemplo trazido à baila é apenas um dos casos mais explícitos dessa conjunção.

O originalismo prima por um entendimento baseado em um contexto histórico e um sentido original da norma segundo aquilo que está posto textualmente nos desígnios constitucionais, ainda que não se omita em ser uma "prática política" dentro do próprio contexto legalmente dado (POST, SIEGEL, 2006, p. 545). O exemplo do casamento ilustra bem não apenas o anseio do legislador de 1988, mas como também serve de norte para destrinchar a sociedade brasileira até o presente momento, já que ela não foi forte e pujante o suficiente para clamar e obrigar seus legisladores a alterarem o texto descrito. E, levando em conta que isso até o presente momento não ocorreu, há de se pensar que a sociedade, ao menos em grande parte de sua extensão quantitativa e qualitativa também, concordam com tal desígnio, por mais que haja sempre um forte ativismo judicial, como se pode denotar nas decisões prolatadas pelo STF em mudar o transcurso textual e social ao qual ele deveria se submeter.

Derradeiramente, não é nenhum absurdo se pensar que tais decisões do STF vilipendiam a própria Constituição, tal e qual, também Scalia, ao pensar que seu pensamento originalista deveria ser um mal menor diante de toda a sanha progressista e ativista do constitucionalismo vivo (*living constitutionalism*) acabaria por prevalecer no caso Obergefell versus Hodges em que o mesmo tema foi tratado pela suprema corte norte-americana, e no qual ele foi ferrenho dissidente, por mais que no caso americano a Constituição não fosse tão expressa quanto a brasileira, e se envolvessem outras questões de emendas mais extensamente postas em debate.

Considerações finais

As considerações tecidas até então, nos permitem reiterar a importância não só da discussão e do debate jurídico sobre a hermenêutica civil-constituição, bem como se atém a um tema bastante controverso, polêmico e de grande repercussão técnica e social. O debate ganha ainda mais importância quando se percebe que há pouca (para não se dizer nenhuma) abordagem hermenêutica sob o viés originalista sendo discutida na literatura especializada, parece que a academia despreza de modo direcionado as premissas originalistas, por mais que elas tenham sido dominantes por anos na suprema corte norte-americana e ainda expressem uma maioria significativa por lá até o presente momento.

Assim, há de se ter em conta o relevo da aplicabilidade do originalismo ao debate nuclear que tangencia o conceito de entidade familiar e de família, expressos na Constituição da República, bem como também no diploma civilista. Por mais que o Supremo Tribunal Federal já tenha exposto a sua decisão sobre o tema, suas inclinações políticas latentes não estão desvencilhadas ou imunes de críticas, as quais podem, e devem ser tecidas sob a égide da interpretação originalista tal como proposta nesse trabalho.

Referências

ALVARÉ, Helen M., A Children's Rights Perspective Dissent from Obergefell. **George Mason Legal Studies**. v. 18, n. 6, 2018. pp.1-15. DOI: http://dx.doi.org/10.2139/ssrn.3149912

ALVES, C. F. **O princípio constitucional da dignidade da pessoa humana**: o enfoque da doutrina social da igreja. Rio de Janeiro: Renovar, 2001.

BARNETT, Randy E. The Gravitational Force of Originalism. **Georgetown Law Faculty Publications**. v. 82, n. 2, 2013. pp. 412-431.

BORK, Robert H. Neutral Principles and Some First Amendment Problems. **Indiana Law Journal**. v. 47, v.1, 1971. pp. 1-36.

DIAS, Maria Berenice. **Manual de direito das famílias**. 2. ed. Porto Alegre: Livraria do Advogado, 2005.

DINIZ, Maria Helena. **Curso de Direito Civil Brasileiro**: Direito de Família. 23. ed. São Paulo: Saraiva, 2008.

DUNCAN, Richard F. Justice Scalia and the Rule of Law: Originalism vs. the Living Constitution. **Regent University Law Review**, v. 29, n. 9, 2016, pp.9-34.

GOLDFORD, Dennis J. **The American Constitution and the Debate Over Originalism**. Cambridge: Cambridge University Press, 2005.

HERNANDEZ GIL, Antonio. **Metodologia del Derecho**. Madrid: Revista de Derecho Privado, 1945.

LÔBO, P. L. N. Entidades familiares constitucionalizadas: para além do numerus clausus. **Jus Navigandi**, Teresina, a. 6, n. 53, jan. 2002. Disponível em: http://jus2.uol.com.br/doutrina/texto.asp?id=2552 Acesso em: 16 jul. 2018.

PAULSEN, Michael S; PAULSEN, Luke. **The Constitution**: An Introduction. New York: Basic Books, 2015.

POST, Robert C.; SIEGEL, Reva B., Originalism as a Political Practice: The Right's Living Constitution. **Fordham Law Review**. v. 75 n. 2, 2006. pp.545-574.

PUTTICK, Stephen. All-Embracing Approaches to Constitutional Interpretation And 'Moderate Originalism'. **University of Western Australia Law Review**. v. 42, n. 1, 2017. pp. 30-56.

RING, Kevin A. **Scalia's Court**: A Legacy of Landmark Opinions and Dissents. Washington, DC: Regnery, 2016.

SACHS, Stephen E. Originalism as a Theory of Legal Change. **Harvard Journal of Law & Public Policy**. v. 38, n.1, 2015. pp. 817-888.

SCALIA, Antonin. **A Matter of Interpretation**: Federal Courts and the Law. Princeton: Princeton University Press, 2016.

SCALIA, Antonin. Originalism: The Lesser Evil. **University of Cincinnati Law Review**. v. 57, n. 1, 1989. pp. 849-64.

SCHAERER, Enrique. What the Heller?: An Originalist Critique of Justice Scalia's Second

Amendment Jurisprudence. **University of Cincinnati Law Review**, v. 82, n. 2, 2014. pp. 795-810.

SCHWEITZER, Thomas A. Justice Scalia, Originalism and Textualism. **Touro Law Review**. v. 33 n. 3, 2017. pp. 749-768.

SOLUM, Larry B. **What is Originalism?** The Evolution of Contemporary Originalist Theory. In: HUSCROFT, Grant MILLER, Bradley W. (Orgs.). **The Challenge of Originalism**: Theories of Constitutional Interpretation. Cambridge: Cambridge UP, 2011. pp. 12-42.

.

O VALOR JURÍDICO DO AFETO: O RECONHECIMENTO DA PLURIPARENTALIDADE E SEUS REFLEXOS NA VISÃO DOS TRIBUNAIS BRASILEIROS

ÍTALO BARBOSA LEÔNCIO PINHEIRO

1. Introdução

O conceito de família sofreu, ao longo dos anos, uma evolução substancial. Aos poucos, a referida entidade deixou de ser concebida como o núcleo formado, tão somente, a partir do casamento e passou a englobar outros modelos de agrupamento familiar construídos com base na afetividade. Com efeito, a Constituição Federal de 1988 teve um importante papel na construção da evolução do conceito de família, na medida em que passou albergar outros modelos além daquele instituído exclusivamente pelo matrimônio. Ademais, também enfatizou a impossibilidade de discriminação entre as espécies de filiação dissociadas do matrimônio (art. 227, §6°, CF/88).

A Carta Magna passou, então, a proteger as pessoas ligadas por laços biológicos ou afetivos. Ao ser afastada dos conceitos meramente patrimonialistas que informavam o Código Civil de 1916, a família começou a ser vista como um núcleo concretizador da dignidade da pessoa humana (art. 1°, III, CF/88) fortemente marcado pela afetividade e pela busca da felicidade pessoal de seus membros, na medida em que o artigo 226, §8°, da CF/88 encampou um novo sentido de proteção jurídica da família consubstanciada pela absorção do princípio eudemonista.

A intepretação não reducionista do conceito de família, e seus consequentes reflexos na filiação, fez surgir o debate sobre a possibilidade jurídica da existência da multiparentalidade, levantando a discussão acerca da existência, ou não, de prevalência entre as diversas formas de constituição de filiação, mormente em relação a

14

socioafetiva e a biológica. O presente estudo tem a finalidade de analisar a possibilidade jurídica da existência da multiparentalidade, bem assim de suas consequências, a partir de uma perspectiva constitucional do tema, com base na posição das Cortes brasileiras.

2. Breve recorte histórico das entidades familiares no Brasil: Do patrimonialismo à constitucionalização

A família passou por diversas mudanças estruturais ao longo dos anos, de modo que o surgimento de novos arranjos familiares impõe que antigos conceitos, outrora concebidos como absolutos, sejam revistos a fim de dar lugar a outros que se coadunem com a realidade fática vivenciada nos núcleos familiares contemporâneos, o que reflete, invariavelmente na filiação.

As transformações pelas quais o mundo passou, mormente a partir do século XIX, contribuíram para a natural evolução do conceito de família. Madaleno (2017) lembra que no início da Revolução Industrial o mundo presenciou uma rápida redução dos membros do núcleo familiar, na medida em que este – anteriormente marcado pela grande extensão em face de seu caráter produtivo – migrou para os centros urbanos, passando a ser formado por um número cada vez menor de pessoas, cujas atividades eram dividas pela lei e pelos costumes. Cavalcanti (2016) chama a atenção para a subserviência da mulher nessa época marcada por aquilo que chama de apogeu do sistema patriarcal.

A expansão da atividade industrial somada a outras mudanças sociais, como por exemplo aquelas preconizadas pela força do movimento feminista, ensejou a inserção da mulher no mercado de trabalho e a consequente reestruturação do ambiente familiar. Lôbo (2015) dispõe que a urbanização acelerada do século XX e a emancipação da mulher foram, juntos, fatores preponderantes para a remodelação da família, na medida em que contribuíram para o desaparecimento do modelo patriarcal daquela entidade. Aos poucos a família passou a ser um grupo mais íntimo e privado, cuja unidade está fincada na afetividade e na realização pessoal de cada membro que a integra, tendo em vista que é um lugar de desenvolvimento da personalidade dos respectivos indivíduos.

O modelo familiar brasileiro, nos primeiros séculos de sua

existência, sofreu influência tanto do Direito Romano quanto do movimento iluminista da Europa do século XVIII. No primeiro, a família consistia em uma comunidade formada primordialmente pelo casamento cuja finalidade, entre outras, era o culto aos antepassados. Nesse cenário, a mulher rompia seus vínculos familiares através do matrimônio e era introduzida na família e religião do marido. Desta forma, este ocupava um papel de superioridade na medida em que era o representante da família, transformando-se na figura em que toda a autoridade estava incorporada. Por outro lado, à mulher cabia a função reprodutiva. Ao tratar do tema Vieira (2015) chama a atenção para a predominância do patriarcalismo e da propriedade privada e aduz que as referidas questões assumiram caráter predominante nos núcleos familiares da época.

No Brasil, o Código Civil de 1916 refletia a cultura da época ao regulamentar a família em uma perspectiva matrimonial, patriarcal e discriminatória, principalmente por fazer distinções entre seus membros e alusão aos "filhos ilegítimos". Neste sentido, dispunha o artigo 229 da supracitada norma que o casamento era o instituto responsável por criar a "família legítima", logo ambos os institutos eram tratados como sinônimos. Com isso, os filhos que eventualmente fossem nascidos de relações adulterinas eram denominados de ilegítimos e não eram juridicamente reconhecidos como filhos. Por sua vez, como ensina Corrêa (2002), o casamento gerava um estado de filiação presumido derivado da presunção *pater is est quem justae nuptiae demonstrant*. Em outras palavras, "o fato preponderante quanto à constituição da paternidade era a existência da instituição matrimonial" (CORRÊA, 2002, p. 544), de sorte que era dada pouca importância ao vínculo biológico para fins de constituição da filiação. Ademais, em uma verdadeira consagração ao casamento, a legislação civil também trazia qualificações que discriminavam as pessoas unidas por outros vínculos.

Com efeito, durante algum tempo as famílias que não eram formadas nos moldes da legislação cível da época, a exemplo daquelas chefiadas por mulheres ou não matrimonializadas, foram marginalizadas e ficaram sem proteção jurídica. Contudo, as diversas transformações sociais oriundas, por exemplo, da industrialização, da inserção da mulher no mercado do trabalho e da separação gradativa do Estado com a igreja, levaram a sociedade e o legislador a repensarem o conceito de família. Dessa forma, em que pese o matrimônio ter sido visto durante muito tempo como um fim em si mesmo, paulatinamente os membros da família passaram a ser concebidos em sua individualidade e a referida instituição como um instrumento a serviço da felicidade das pessoas ali inseridas.

Como consequência, a evolução legislativa, que culminou com a promulgação da Constituição Federal de 1988, passou a proteger outros núcleos familiares, a exemplo da união estável e da família monoparental. Neste sentido, o legislador constituinte passou a não mais cogitar de um único modelo de família constituída no casamento, mas de um poliformismo familiar consubstanciado primordialmente no afeto de seus membros, ao passo que, como ensina Dias (2016) esgarçou o conceito de família ao conferir tratamento igualitário entre o homem e a mulher, estendeu proteção à união estável e à "família monoparental", além de ter consagrado a igualdade dos filhos. Nas palavras de Venosa (2018, p. 7), a Constituição federal de 1988 "representou, sem dúvida, o grande divisor de águas do direito privado, especialmente, mas não exclusivamente nas normas de direito de família".

A tônica da família deixou, aos poucos, de ser o patrimônio e passou a ser o afeto. Uma vez que não mais é vista como uma unidade econômica, a referida entidade deve ser concebida como um ambiente pautado na solidariedade e respeito às peculiaridades de seus membros, a fim de que todos tenham sua dignidade preservada. Nas palavras de Farias e Rosenvald (2018, p. 31) a família passou a ser "o refúgio das garantias fundamentais reconhecidas a cada um dos cidadãos".

3. A filiação à luz de uma interpretação constitucional e o reconhecimento jurídico do afeto

Como dito anteriormente, até o advento da Constituição de 1988 o estabelecimento do vínculo paterno-filial aos filhos espúrios não era permitido pela legislação cível em vigor, ainda quando estes tinham conhecimento da existência de seu pai biológico, caso fossem fruto de uma relação extraconjugal. A presunção *pater is est quem justae nuptiae demonstrant* se sobrepujava à realidade fática a fim de preservar a figura do casamento, em uma atitude absurdamente discriminatória e que atentava contra a dignidade das crianças e adolescentes concebidos em relações adulterinas.

A Constituição Federal de 1988, em seu artigo 227, §6º, cristalizou a igualdade substancial entre os filhos na medida em que dispôs que "os filhos, havidos ou não da relação do casamento, ou por adoção, terão os mesmos direitos e qualificações, proibidas quaisquer designações discriminatórias relativas à filiação". A supracitada norma não apenas configurou uma mudança de paradigma quanto à definição de família outrora sedimentada em sua função econômica e patriarcal e refletida na desigualdade dos filhos, como também cristalizou o princípio da dignidade da pessoa humana na figura destes últimos, suprimindo, nas palavras de Veloso (2018, p. 159) "as distinções categoriais, que tinham o peso de um verdadeiro opróbrio". A partir de então, complementa o autor, não existe no Brasil "filhos legítimos e ilegítimos, mas filhos, puramente, unicamente, sem aquela adjetivação difamante, execrável e vergonhosa de outrora".

Em que pese prescindir de concretização infraconstitucional posto ser, na doutrina de Tepedino (2001, p. 392), norma com "eficácia imediata para todo o ordenamento, cuja compreensão faz-se indispensável para a correta exegese da normativa aplicável às relações familiares", a norma constitucional que concretizou a igualdade entre os filhos foi transcrita no artigo 20 da Lei nº 8.069/90 (Estatuto da Criança e do Adolescente) com o intuito de reafirmar aquilo que já fora disposto pelo legislador constituinte no que diz respeito à igualdade de direitos e qualificações dos filhos. Posteriormente, o artigo 1.596 do Código Civil de 2002 também ratificou terem os filhos, havidos ou não da relação de casamento, ou por adoção, os mesmos direitos e qualificações, sendo vedadas quaisquer designações discriminatórias em relação à filiação.

Com efeito, a partir do texto de 5 de outubro de 1988 não mais é permitida qualquer interpretação das normas paterno-filiais que conduzam à desigualdade entre os filhos, seja de caráter patrimonial ou pessoal, mormente porque assim como aconteceu com o instituto da família, a filiação passou a não mais ser concebida como um fim em si mesma ou a serviço da manutenção da boa fama do casamento ou da reputação do genitor, mas a ser compreendida como um instrumento "de desenvolvimento e realização da personalidade humana, sendo toda e qualquer relação paterno-filial merecedora de especial proteção" (SANTOS, 2018, p. 170), independente de sua origem.

Dessa forma, a filiação passou a ser plural, a exemplo do que acontecera com a família, sendo vedada qualquer referência à sua origem. Em outras palavras, a proteção dos filhos independe do tipo de relacionamento mantido entre seus genitores haja vista que o papel desempenhado pelo operário do Direito deve ser no sentido de buscar meios eficazes de tutelar o exercício do direito de filiação dentro das novas realidades sociais vivenciadas modernamente. A partir da superação da fase patrimonialista e patriarcal que dominou o Direito das Famílias no século passado, vislumbra-se a identificação de três critérios básicos para a determinação da filiação, quais sejam: a) o critério legal; b) o critério biológico; c) o critério socioafetivo, sendo que apenas os dois primeiros são expressamente previstos no ordenamento jurídico brasileiro.

Em que pese a inexistência de previsão expressa que contemple a socioafetividade como critério determinante de filiação, a jurisprudência pátria tem paulatinamente contemplado em seus julgados o mencionado fator sob o entendimento de que "a relação jurídica de filiação se constrói também a partir de laços afetivos e de solidariedade humana entre pessoas geneticamente estranhas que estabelecem vínculos que em tudo se equiparam àqueles existentes entre pais e filhos ligados por laços de sangue"[1]. Ademais, a legislação brasileira também traz alguns artigos que possibilitam o reconhecimento da paternidade afetiva, *ex vi* dos artigos 1.593; 1.596; 1.597, V; 1.605 e 1.614, todos do Código Civil.

O Direito Civil moderno convive com o reconhecimento da importância da paternidade biológica, sem que necessariamente ela prevaleça sobre a afetiva. Na medida em que o ser humano passou a integrar o núcleo central da preocupação da ordem jurídica, descortinou-se também, nas palavras de Corrêa (2002), a dimensão afetiva da paternidade, demonstrando assim a essência da mencionada relação de parentesco, sobretudo porque o simples vínculo biológico não é capaz de traduzir o verdadeiro significado da relação de paternidade.

Insta salientar que o afeto já se encontra inserido em outros institutos do Direito das Famílias sobretudo porque ele não é apenas o elemento identificador da família no ordenamento jurídico

---

[1] TJ/RS – 7ª C. Cível. Ap. Cív. Nº 70008566697, Rel. Des. Luiz Felipe Brasil Santos, julg. 30/06/2004.

brasileiro, mas serve também de parâmetro para definição de vínculos parentais. Sua importação para o campo das relações paterno-filiais harmoniza-se com a compreensão contemporânea de que a família é um núcleo essencial de desenvolvimento do ser humano e que deve ser voltado para satisfação de seus interesses pessoais.

A paternidade socioafetiva é, portanto, aquela construída através do estreitamento dos laços afetivos formados por duas ou mais pessoas que se relacionam como entidade familiar, "independentemente da correspondência com a verdade biológica ou aquela constante do assento de nascimento" (CARVALHO FILHO, 2016, p. 1.659). Neste aspecto, o tema ganha especial relevância, mormente quando há discussão processual entre a sua prevalência ou não diante da paternidade biológica. Isso porque, não raras as vezes o Poder Judiciário é chamado a solucionar litígios envolvendo a supracitada discussão em ações de averiguação de paternidade ou ações negatórias de paternidade e que não encontram uma fórmula legalmente preestabelecida em virtude da inexistência de hierarquia, *a priori*, entre os critérios básicos para a determinação da filiação.

O reconhecimento da paternidade socioafetiva configura, na dicção de Villela (1979, p. 415) uma verdadeira "desbiologização da paternidade", em um tempo em que o mundo atravessa uma crise de afetividade que culmina no abandono de milhões de crianças em diferentes graus. Ao conceber a paternidade como uma opção que se manifesta pelo respectivo exercício, o autor ensina que a paternidade socioafetiva figura como uma ponte entre aqueles que precisam de afeto e outros que têm o respectivo sentimento. É, no magistério de Gagliano e Pamplona Filho (2016, p. 653) uma modalidade de filiação que "se descortina em um Direito de Família mais humano e solidário".

Inobstante o reconhecimento das diversas espécies de filiação pelo ordenamento jurídico brasileiro, alguns autores, a exemplo de Farias e Rosenvald (2018) defendem que na prática um deles deveria avultar a fim de ser estabelecida a relação paterno-filial. Nos últimos anos o Superior Tribunal de Justiça sedimentou o entendimento de que a paternidade socioafetiva teria primazia sobre a origem genética principalmente quando esta é utilizada para desconstituir paternidades e maternidades anteriores consolidadas, salvo nos casos em que o caso concreto impõe a ponderação do preceito.[2]

Todavia, em virtude do reconhecimento da existência do poliformismo familiar e do princípio constitucional da igualdade entre os filhos, alguns doutrinadores passaram a defender a possibilidade de existência de multiparentalidade a fim de homenagear os diversos modelos construídos pelas próprias pessoas em suas relações afetivas. Segundo Lôbo (2018) a multiparentalidade rompe o modelo binário de família em virtude da complexidade da vida moderna[3] que faz surgir quase que diariamente novas formas de arranjos familiares. A ausência de tutela do supracitado instituto configura, na doutrina de Teixeira e Rodrigues (2015), uma afronta ao princípio do melhor interesse da criança na medida em que esta necessita do convívio de todas as figuras que se lhe apresentam como pais ou mães e que juntamente com os genitores biológicos participam da formação da personalidade de seus filhos.

A pluriparentalidade configura, desta forma, a possibilidade jurídica de inserção no registro de nascimento de dois pais/mães em virtude da conjugação de dois critérios de constituição de paternidade/maternidade, quais sejam, o biológico e socioafetivo. Faz-se aqui a distinção entre genitor/genitora biológico(a) como aquela pessoa responsável pelo fornecimento do respectivo material genético para seu descendente e paternidade/maternidade na figura daquelas pessoas que exercem, de fato, a respectiva função que o pai/mãe devem desempenhar na vida dos filhos. Para Villela (1979), o ponto que diferencia o genitor biológico do pai propriamente dito está justamente no serviço que este último presta para o filho. Em outras palavras, "ser pai ou ser mãe não está tanto no fato de gerar quanto na circunstância de amar e servir" (VILLELA, 1979, p. 408).

Obviamente que o ideal seria a coincidência entre a paternidade biológica e a afetiva, de sorte a existir a coincidência entre os dois critérios e naturalmente a inexistência de quaisquer diferenças entre eles, na medida em que os genitores exercem a função de pai/mãe não apenas em virtude do vínculo biológico com sua prole, mas principalmente em razão do laço afetivo construído no decorrer de

---

[2] A exemplo dos seguintes julgados: REsp. 1167993; REsp 1067438, REsp. 1088157, REsp. 1000356, REsp. 1059214.

[3] A multiparentalidade também é defendida por Madaleno (2017), Dias (2016), Gagliano e Pamplona Filho (2016), Almeida e Rodrigues Júnior (2012) e Tartuce (2018).

suas vidas consubstanciado "pelo livre desejo de atuar em interação entre pai, mãe e filho do coração, formando verdadeiros laços de afeto" (DELINSKI, 1997, p.

19), todavia, a complexidade das relações humanas nem sempre permite a existência simultânea dos referidos critérios, surgindo, a partir do panorama familiarista insculpido na Constituição Federal de 1988, a necessidade de ser dada especial atenção ao critério da filiação afetiva.

Nesse contexto, surge a discussão sobre a existência de hierarquia entre os supracitados critérios de paternidade ou a possibilidade jurídica de reconhecimento da simultânea paternidade no registro de nascimento da pessoa natural (multiparentalidade) em face da impossibilidade de se identificar até mesmo no caso concreto a prevalência de quaisquer das modalidades de paternidade.

Apesar da inexistência de norma para tutelar o instituto da multiparentalidade, na jurisprudência brasileira a possibilidade jurídica de reconhecimento de dupla parentalidade vem, aos poucos, sendo reconhecida. A esse propósito têm-se decisão paradigmática do Tribunal de Justiça do Estado de São Paulo que reconheceu a pluriparentalidade e determinou a inclusão da mãe socioafetiva no registro civil, mantendo-se, outrossim, o nome da mãe biológica falecida.[4] O caso retro mencionado dizia respeito a uma jovem de 19 anos cuja mãe falecera três dias após o seu nascimento e que fora criada, desde os dois anos de idade, pelo seu pai e por sua madrasta.

O STJ sinalizou, em 2014, que a multiplicidade parental, compreendida como expressão da realidade social, não pode passar despercebida pelo Direito, conferindo à parte recorrente, à época, o direito de produzir provas destinadas a demonstrar a existência da referida relação socioafetiva.[5] Em que pese ter negado provimento ao Recurso Especial nº 1.333.086 interposto pelo Ministério Público do Estado de Rondônia em face da ausência de manifestação do pai socioafetivo no caso em julgamento, o STJ também sinalizou no

---

[4] TJSP, 1ª Câmara de Direito Privado, Registro: 2012.0000400337. Apelação Cível n. 0006422-26.2011.8.26.0286, Comarca de Itu, Relator: Desembargador Alcides Leopoldo e Silva Júnior. Julgado em 14/08/2012.
[5] STJ, REsp 1.328.380/MS (2011/0233821-0), 3ª T., Rel. Min. Marco Aurélio Bellize. Julgado em 21/10/2014.

referido julgado a possibilidade jurídica da dupla parentalidade.[6]

Com base no princípio da paternidade responsável, o Supremo Tribunal Federal, em 2017, fixou a tese jurídica de que "a paternidade socioafetiva, declarada ou não em registro público, não impede o reconhecimento do vínculo de filiação concomitante baseado na origem biológica, com os efeitos jurídicos próprios", quando o melhor interesse do descendente for o reconhecimento jurídico de ambos[7]. A Egrégia Corte entendeu que o princípio da dignidade da pessoa humana – sobreprincípio fundante do ordenamento jurídico, insculpido no artigo 1º, III, da Carta Magna – traz em seu bojo o direito à busca da felicidade, consubstanciado, no Direito das Famílias, "como um escudo do ser humano em face de tentativas do Estado de enquadrar a sua realidade familiar em modelos pré-concebidos pela lei", como fez à época em que a família estava centrada no instituto do casamento e consequentemente a relação paterno-filial (Código Civil de 1916).

A propósito, Welter (2009, p. 14) ao comentar acórdão do Tribunal de Justiça do Rio Grande do Sul que sobrepôs a paternidade biológica sobre a afetiva já defendia a tese de que todos os efeitos jurídicos decorrentes de ambas as paternidades deveriam ser "outorgadas ao ser humano, na medida em que a condição humana é tridimensional, genética e afetiva e ontológica".

Em sentido semelhante, o STJ reconheceu, já no ano de 2018, a possibilidade da dupla paternidade em virtude da "presença concomitante, tanto de vínculos estabelecidos por relação afetiva, quanto daqueles oriundos de ascendência biológica", em um caso em que ambos os pais mantinham um relacionamento afetivo com a criança, demonstrando claro interesse de todos os envolvidos no processo na concomitância dos respectivos nomes no registro de nascimento do infante.[8] Os dois últimos arestos se assemelham por conferir igualdade jurídica a parentalidade socioafetiva e biológica, sem prevalência *a priori*, a fim de atender ao princípio do melhor interesse da criança no caso concreto, possibilitando que ambos os pais compartilhem de todos os direitos e deveres existenciais e

---

[6] STJ, REsp 1.333.086/RO (2012/0141938-1), 3ª T., Rel. Min. Ricardo Villas Bôas Cueva. Julgado em 06/10/2015.

[7] STF, RE 898.060/SC, Plenário, Rel. Min Luiz Fux. Julgado em 29/09/2017.

[8] STJ, REsp 1.548.187/SP, 3ª T., Rel. Min. Marco Aurélio Bellize. Julgado em 27/02/2018.

patrimoniais (poder familiar, guarda, visitas, nome, herança, alimentos, entre outros).

Recentemente, em acórdão datado de 17 de abril de 2018, o Tribunal de Justiça de Santa Catarina, seguindo o entendimento do Supremo Tribunal Federal alhures mencionado, conferiu a possibilidade de inserção do nome do genitor biológico no registro de nascimento do menor que tinha sido anteriormente registrado pelo respectivo padrasto com quem mantinha vínculos afetivos, figurando, juntamente com este, como pai do infante. No caso, em que inexistia objeção da pretensa multiparentalidade, ficou sedimentado pelo Tribunal que o ordenamento jurídico não poderia deixar de tutelar esse novo arranjo familiar, sobretudo em razão da multiplicidade de formação de vínculos familiares permitida pela Constituição Federal de 1988 que se afastou do rigorismo da legislação vigente no assunto.[9]

Uma vez reconhecida a existência da multiparentalidade, não há outro caminho senão conferir todos os direitos inerentes à filiação àquele que tem dois pais e(ou) duas mães no respectivo registro de nascimento. Outro não é o entendimento retirado da parte final do RE 898.060/SC, julgado pelo STF em 2017, onde ficou assentado que a inserção do nome do pai afetivo no registro de nascimento geraria os "efeitos jurídicos próprios" do reconhecimento da paternidade. Isso porque o artigo 227, §6º, CF/88 determina que "os filhos, havidos ou não da relação de casamento, ou por adoção, terão os mesmos direitos e qualificações, proibidas quaisquer designações discriminatórias relativas à filiação". Dessa forma, conferir tratamento diverso àquele cujo assento de nascimento possui dois pais ou mães seria não apenas um ato discriminatório, e, portanto, inconstitucional, mas um verdadeiro retrocesso ao cenário imposto pelo Código Civil de 1916.

Venosa (2017) leciona que o reconhecimento dos filhos gera, ao lado do caráter moral, efeitos patrimoniais na medida em que aqueles que foram posteriormente reconhecidos (voluntaria ou extrajudicialmente) equiparam-se aos demais "gozando de direitos hereditários, podendo pedir alimentos, pleitear herança e propor ação de nulidade de partilha" (VENOSA, 2017, p. 303). *Mutatis*

---

[9] TJSC, Apelação Cível n. 0302674-93.2015.8.24.0037, de Joaçaba, rel. Des. Saul Steil, Terceira Câmara de Direito Civil, j. 17-04-2018.

mutandis, os filhos possuem os mesmos deveres em relação aos pais, sobretudo porque o artigo 229 Constituição Federal de 1988 estipula que "os pais têm o dever de assistir, criar e educar os filhos menores, e os filhos maiores têm o dever de ajudar e amparar os pais na velhice, carência ou enfermidade". No mesmo sentido Dias (2016) também defende a tese segundo a qual na multiparentalidade os filhos gozam de todos os direitos em relação a todos os pais, sem quaisquer distinções. Para a autora "todos os pais devem assumir os encargos decorrentes do poder familiar, sendo que o filho desfruta de direitos com relação a todos. Não só no âmbito do direito das famílias, mas também em sede sucessória" (DIAS, 2016, p. 406-407).

É bem verdade que, como lembra a autora, os direitos e deveres da filiação decorrentes da multiparentalidade ultrapassam o direito das famílias, recaindo sobre tantos outros, como por exemplo, o direito sucessório, o direito previdenciário, direito eleitoral e assim por diante em virtude da já perfilhada norma constitucional que impõe a igualdade dos filhos independente de sua origem.

4. Conclusões

As transformações sociais e legislativas ensejaram a necessidade de revisitação dos conceitos de família que passou a ser concebida, sobretudo pela promulgação da Constituição Federal de 1988, não mais pelo seu caráter meramente patrimonial – embora este ainda exista – mas primordialmente pelo afeto que liga seus integrantes. A filiação, enquanto instituto do Direito das Famílias, foi amplamente marcada por essa nova percepção, na medida em que o atual conceito não reducionista da referida entidade importou na visibilidade de modelos construídos pelas próprias pessoas em suas relações afetivas, como por exemplo, os casos de multiparentalidade, em cuja relação não há predominância da filiação socioafetiva ou biológica, atribuindo aos respectivos pais/mães todos os direitos e deveres inerentes a essa multifacetada parentalidade.

Embora não prevista legalmente, a pluriparentalidade – que encontra sua gênese no reconhecimento jurídico de adoção por casais homoafetivos – está, aos poucos, sendo reconhecida pelos Tribunais brasileiros, cujas decisões têm conferido proteção jurídica aos respectivos membros a fim de suprir a omissão legislativa e preservar os direitos fundamentais de todos os envolvidos, mormente o direito à afetividade. O referido instituto consiste na possibilidade jurídica de inserção no registro de nascimento de dois pais/mães em virtude da conjugação de dois critérios de constituição de paternidade/maternidade, quais sejam, o biológico e socioafetivo, sem que haja necessariamente prevalência entre eles dois.

Embora inexista norma para tutelar o instituto da multiparentalidade, a jurisprudência brasileira vem reconhecendo paulatinamente a possibilidade de dupla parentalidade em virtude da abertura legislativa preconizada pela Constituição Federal de 1988 que, afastando-se do rigorismo do Código Civil de 1916, passou a prever outras formas de arranjos familiares além daqueles formados pelo matrimônio, privilegiando aqueles que são formados pelo vínculo afetivo de seus membros, na certeza de que a finalidade da família é a realização pessoal dos respectivos membros e, portanto, sua felicidade,

No ano de 2016, o STF fixou tese de repercussão geral no Recurso Extraordinário 898.060 no seguinte sentido: "a paternidade socioafetiva, declarada ou não em registro público, não impede o reconhecimento do vínculo de filiação concomitante baseado na origem biológica, com os efeitos jurídicos próprios". Conforme exposto, a referida decisão, que leva em conta o melhor interesse do menor no caso concreto e o princípio da paternidade responsável, possibilita que ambos os pais compartilhem de todos os direitos e deveres existenciais e patrimoniais dos filhos.

Referências bibliográficas

ALMEIDA, Renata Barbosa de; RODRIGUES JÚNIOR, Walsir Edson. **Direito Civil: Famílias**. São Paulo: Atlas, 2014.

CARVALHO FILHO, Milton Paulo de. In: PELUSO, Cezar. **Código Civil comentado: doutrina e jurisprudência.** Barueri/SP: Manole, 2016.

CAVALCANTI, Camilla de Araujo. **Famílias pós-modernas: a tutela constitucional à luz do princípio da dignidade da pessoa humana.** Curitiba: Juruá, 2016.

CORRÊA, Vanessa Ribeiro. **A filiação entre a verdade biológica e afetiva.** Revista da Faculdade de Direito de Campos, ano III, n. 3, 2002.

DIAS, Maria Berenice. **Manual de Direito das Famílias.** São

Paulo: Editora Revista dos Tribunais, 2016.

DELINSKI, Julie Cristine. **O novo direito da filiação.** São Paulo: Dialética, 1997.

FARIAS, Cristiano Chaves de; ROSENVALD, Nelson. **Curso de Direito Civil: Famílias.** São Paulo: Atlas, 2018.

GAGLIANO, Pablo Stolze; PAMBPLONA FILHO, Rodolfo. **Novo curso de Direito Civil: Direito de Família.** São Paulo: Saraiva, 2016.

LÔBO, Paulo. **Direito Civil: Famílias.** São Paulo: Saraiva, 2015.

_____ Parentalidade socioafetiva e multiparentalidade: Questões atuais. In SALOMÃO, Luis Felipe; TARTUCE, Flávio (org.). **Direito Civil: Diálogos entre a doutrina e a jurisprudência.** São Paulo: Atlas, 2018.

MADALENO, Rolf. **Direito de Família.** Ed. 7. Rio de Janeiro: Forense, 2017.

SANTOS, Aline Barradas Carneiro. **A possibilidade jurídica da pluriparentalidade.** In: Direito das famílias na contemporaneidade: Questões controvertidas. Salvador: JusPodium, 2017.

TARTUCE, Flávio. **Direito Civil: Direito de Família.** Rio de Janeiro: Forense, 2018.

TEIXEIRA, Ana Carolina Brochado; RODRIGUES, Renata de Lima. **A multiparentalidade como nova estrutura de parentesco na contemporaneidade.** Revista Brasileira de Direito Civil. Vol. 4. Abril/Junho 2015.

TEPEDINO, Gustavo. **Temas de Direito Civil.** Ed. 2. Rio de Janeiro: Renovar, 2001.

VELOSO, Zeno. **Reconhecimento voluntário do filho.** In Direito Civil: Temas. Belém/PA, 2018.

VENOSA, Sílvio de Salvo. **Direito Civil: Família.** São Paulo: Atlas, 2017.

VIEIRA, Carla Eduarda de Almeida. **Multiparentalidade: Benefícios e efeitos jurídicos do seu reconhecimento pelo Direito.** Revista do curso de Direito da UNIFOR, Formiga, v. 6, n.

2, p. 78-98, jul/dez. 2015.

VILLELA, João Baptista. **Desbiologização da paternidade.** Revista da Faculdade de Direito da Universidade Federal de Minas Gerais. Belo Horizonte, n. 21, maio 1979.

WELTER, Belmiro Pedro. **Teoria Tridimensional do Direito de Família: Reconhecimento de todos os direitos das filiações genética e socioafetiva.** Revista do Ministério Público do Rio Grande do Sul. Porto Alegre, n. 62, nov. 2008 – abr. 2009.

RECONHECIMENTO DE UNIÕES POLIAFETIVAS PELO CONSELHO NACIONAL DE JUSTIÇA

EDHYLA CAROLLINY VIEIRA VASCONCELOS ABOBOREIRA
MONIQUE XIMENES LOPES DE MEDEIROS

1 Notas introdutórias

O Conselho Nacional de Justiça (CNJ) tem sido importante palco para o debate acerca do reconhecimento e normatização de novos arranjos familiares para o Direito brasileiro. Não obstante o Supremo Tribunal Federal tenha se manifestado apenas sobre o reconhecimento das uniões homoafetivas como uniões estáveis à luz do Direito Constitucional e Direito Civil vigente no País, o CNJ autorizou cartórios a realizar também casamento entre pessoas do mesmo sexo, por meio da Resolução n.º 175, de 14 de maio de 2013.

Recentemente, a discussão versou sobre o reconhecimento das uniões poliafetivas, cuja análise da inconstitucionalidade/ilegalidade de sua lavratura por alguns cartórios, em tramitação no órgão integrante do Poder Judiciário, vêm suscitando series de debates e controvérsias na sociedade e no meio técnico jurídico.

Sendo assim, o artigo tem como escopo analisar o papel do Conselho Nacional de Justiça no reconhecimento normativo das múltiplas expressões e sentidos de família no Brasil, especialmente, para fins deste trabalho, no caso das uniões poliafetivas.

Para fazer esse estudo, é necessário entender a função e as atribuições do CNJ estabelecidas pela Constituição Federal de 1988, identificar o valor da força normativa das suas decisões e verificar o impacto dos seus atos normativos no Direito das Famílias.

Para a metodologia, faz-se mister o manejo do método de abordagem hermenêutico-dialético com o escopo de avaliar as aplicações e implicações jurídicas, teóricas e sociais da situação-problema investigada. Para Minayo (1998, p. 227), "[...] a hermenêutica e a dialética apresentam-se como momentos necessários na produção da racionalidade". Este método justifica-se como ideal para a investigação a ser perpetrada por orientar a análise do objeto de pesquisa inserido no contexto social de ordem plural. Quanto aos procedimentos técnicos, serão utilizados os métodos de análise documental (atos normativos do CNJ e decisões judiciais afetas ao tema) e revisão bibliográfica.

2. O Conselho Nacional de Justiça na Constituição Federal de 1988

O Conselho Nacional de Justiça é órgão do Poder Judiciário, criado pela Emenda Constitucional n.º 45, de 2004, com composição e atribuições regulamentadas pelo art. 103-B da Constituição Federal de 1988. Ele é composto por quinze membros, com mandato de dois anos, admitida uma recondução, sendo o Presidente do Supremo Tribunal Federal, um Ministro do Superior Tribunal de Justiça, um Ministro do Tribunal Superior do Trabalho, um desembargador de Tribunal de Justiça, um juiz estadual, um juiz de Tribunal Regional Federal, um juiz federal, um juiz do Tribunal Regional do Trabalho, um juiz do trabalho, um membro do Ministério Público da União, um membro do Ministério Público estadual, dois advogados e dois cidadãos de notável saber jurídico e reputação ilibada, cada qual com indicações e nomeações próprias, determinadas pela Carta Magna.

As atribuições do Conselho seguem o pressuposto teleológico que norteou a sua criação, qual seja, servir como órgão de controle do próprio Judiciário, nas atividades administrativa e financeira, bem como o cumprimento dos deveres funcionais dos juízes. Importante ressaltar que, no exercício das funções, a Constituição de 1988 confere ao CNJ a possibilidade de expedir atos regulamentares/normativos.

A constitucionalidade da criação do CNJ foi questionada perante o Supremo Tribunal Federal por meio da Ação Direta de Inconstitucionalidade (ADI) n.º 3.367/DF, proposta pela Associação dos Magistrados Brasileiros – AMB. A entidade sustentou que o Conselho violaria o princípio da separação e independência dos poderes ao submeter o Poder Judiciário à órgão externo da sua estrutura. Igualmente, haveria violação do pacto federativo pela submissão dos órgãos dos Tribunais Estaduais à instituição fiscalizadora federal.

A Corte Máxima negou procedência ao pedido da AMB, sob o fundamento de que o CNJ constitui órgão administrativo do próprio Poder Judiciário, destinado ao seu controle interno (atividade administrativa, financeira e disciplinar), sem nenhuma competência sobre o Supremo Tribunal Federal.

Quanto aos limites constitucionais da sua atuação, no que diz respeito aos atos de jurisdição, mais precisamente, o controle de constitucionalidade de leis, MORAES (2015, p. 39) defende que "[...] é inconcebível a hipótese de o CNJ, órgão administrativo sem qualquer função jurisdicional, passar a exercer controle difuso de constitucionalidade nos julgamentos de seus procedimentos". Ou seja, ainda que seja chamado a conhecer casos concretos que envolvam o exercício da magistratura e/ou o funcionamento administrativo e financeiro dos Tribunais pátrios, é vedado ao Conselho exercer função jurisdicional, sobretudo, quando envolve o poder de determinar a incidência ou não de determinada norma a partir do seu confronto com a Constituição Federal.

O tema da atribuição do CNJ para expedir atos regulamentares também gerou repercussão entre operadores do Direito e estudiosos do tema. De acordo com o § 4º do art. 103, da Constituição de 1988, compete ao Conselho "zelar pela autonomia do Poder Judiciário e do cumprimento do Estatuto da Magistratura, podendo expedir atos regulamentares, no âmbito de sua competência, ou recomendar providências". Para STRECK, SARLET e CLÈVE (2006),

> [...] as resoluções que podem ser expedidas pelos aludidos Conselhos não podem criar direitos e obrigações e tampouco imiscuir-se (especialmente no que tange a restrições) na esfera dos direitos e garantias individuais ou coletivas. O poder 'regulamentador' dos Conselhos esbarra, assim, na impossibilidade de inovar.

Como órgão administrativo, não poderia o Conselho Nacional de Justiça expedir atos regulamentares capazes de atingir, no seu conteúdo, direitos e garantias fundamentais, notadamente se for para restringi-los, sob pena de extrapolar os limites de sua atribuição e ferir o sistema de equilíbrio entre as funções dos Poderes Executivo, Legislativo e Judiciário no Estado Democrático de Direito.

Após mais de uma década da sua criação, o CNJ corresponde à uma das mais importantes instituições do País, deixando de atuar apenas como órgão de controle interno do Poder Judiciário para realizar projetos, pesquisas e desenvolver políticas públicas voltadas para a concretização de Direitos por meio da atividade judicante ou por meio de atividades de educação e formação de consciência cidadã, com o fomento à divulgação de direitos constitucionais e práticas para assegurá-los.

No sítio virtual do Conselho, há vasta plataforma de pesquisa capaz de auxiliar os julgadores a julgar, ou seja, aplicar o direito, nos mais diversos temas como, por exemplo, o direito à saúde e ao meio ambiente; especial proteção à mulher, à criança e ao adolescente; o sistema carcerário e medidas socioeducativas; direitos humanos.

Dessas ações, pode-se destacar os projetos que envolvem a Violência contra a Mulher e o Sistema Penitenciário Nacional, com ações articuladas em todo o Brasil, destacando-se programas específicos de reinserção social, no caso dos apenados, Programa Começar de Novo, e o Justiça pela Paz em Casa, que busca formas de dar efetividade à Lei Maria da Penha.

3. O impacto dos atos normativos do CNJ no Direito das Famílias

Pode-se dizer que o Direito das Famílias foi das áreas jurídicas que mais sofreu modificação em seus institutos basilares no último século. A própria noção e conceito jurídico do que é "família" se transformou de um modelo tradicional patriarcal para abarcar entidades familiares formadas por pessoas do mesmo sexo.

Segundo conceito de Maria Berenice Dias (2013, p. 43), "o novo modelo de família funda-se sob os pilares da repersonalização, da afetividade, da pluralidade e do eudemonismo, impingindo nova roupagem axiológica ao direito de família". Embora essa transformação seja resultado de uma longa construção histórica da própria sociedade, no direito brasileiro, essa noção restou destacada e confirmada com o julgamento do Supremo Tribunal Federal que reconheceu como entidade familiar a união estável entre pessoas do mesmo sexo.

A Ação Direta de Inconstitucionalidade n° 4.277/DF, movida pelo Governador do Estado do Rio de Janeiro perante o Supremo Tribunal Federal, requereu que a Corte conferisse interpretação conforme a Constituição ao dispositivo do art. 1.723 do Código

Civil, de forma a reconhecer como entidade familiar a união estável entre pessoas do mesmo sexo e, a partir daí, todos os seus efeitos jurídicos.

O art. 1723 do Código Civil e o art. 226, § 3º, da Constituição Brasileira de 1988 reconhecem a união estável entre o homem e a mulher como entidade familiar. A interpretação dada a esses dispositivos pelos juízes e tribunais pátrios, até bem pouco tempo atrás, era assaz restritiva, uma vez que afirmava estar albergada pelo direito apenas as relações afetivas ocorridas entre heterossexuais.

Ao negar-se o *status* legal de família às uniões entre homoafetivos, por conseguinte, eram negados todos os demais direitos decorrentes dessa relação, como a colocação do companheiro ou companheira como dependente para benefícios de plano de saúde, previdenciários, questões sucessórias etc.

A partir da linha argumentativa trilhada pelas organizações da sociedade civil que atuaram como *amicus curiae* no feito, depreende-se que o ordenamento jurídico pátrio não conseguiu acompanhar a dinâmica das interações socioculturais da sociedade e, em decorrência disso, necessitou ser adequado.

No Estado Democrático de Direito, como é o caso do Brasil, as relações políticas, sociais, individuais e institucionais ganham regulação através de todo o arcabouço legal, cuja estrutura de legitimação encontra guarida na clássica distinção de atribuições entre os três Poderes. Já que cabe ao Judiciário aplicar as leis e ao Executivo executá-las, seria precípua função do Legislativo editá-las e revisá-las, de acordo com o princípio democrático representativo.

Ocorre que, não de agora, vislumbra-se o Congresso Nacional brasileiro de formação conservadora. O fato é que, a minoria LGBTT tem sofrido seguidas "derrotas" no Poder Legislativo nacional, tendo em vista série de questões. Estas não serão comentadas aqui, pois não constituem objeto deste trabalho.

Ante a inércia do legislador pátrio, o Supremo Tribunal Federal foi chamado a atuar de forma elástica, positiva e de encontro à disposição literal da própria Constituição Federal de 1988.   A preocupação com a legitimidade da decisão da Corte Constitucional brasileira, advinda a partir deste julgamento, foi a tônica dos votos de alguns Ministros, como Ricardo Lewandowski, Joaquim Barbosa,

Gilmar Mendes e Cézar Peluso. Todavia, o reconhecimento judicial oriundo da Corte Máxima não se estendeu ao casamento entre pessoas do mesmo sexo, ficando restrito ao âmbito apenas da união estável.

Em 14 de maio de 2015, o Conselho Nacional de Justiça, no exercício da sua competência regulamentar, expediu a Resolução n.º 175, que veda "às autoridades competentes a recusa de habilitação, celebração de casamento civil ou de conversão de união estável em casamento entre pessoas de mesmo sexo".

Ocorre que, após o julgamento no Supremo Tribunal Federal, alguns cartórios e órgãos judiciais ainda se negavam a homologar uniões estáveis homoafetivas, ao passo que passaram a ser demandados também acerca de habilitação para casamento entre pessoas do mesmo sexo. Diante da controvérsia instalada pelas diferentes práticas cartorárias nos Estados brasileiros, gerando decisões judiciais igualmente opostas, a Resolução n.º 175 veio a preencher o vazio legal e hermenêutico deixado pelo Supremo Tribunal Federal e pela legislação vigente.

4 O (não)reconhecimento das uniões poliafetivas pelo Conselho Nacional de Justiça

Poliamor ou poliamorismo consiste na união entre três ou mais pessoas. Embora a legislação e a jurisprudência brasileiras não as reconheça como família, não lhes atribuindo efeitos jurídicos das relações daí decorrentes, os pedidos de formalização perante cartórios eram feitos e alguns chegaram a reconhecer uniões poliafetivas como entidade familiar, atribuindo-lhe o *status* de união estável, protegida pelo ordenamento jurídico.

A Associação de Direito de Família e das Sucessões (ADEFAS) ingressou com o Pedido de Providências (2018) no Conselho Nacional de Justiça requerendo "[...] a vedação da lavratura de escrituras públicas de 'uniões poliafetivas' como 'uniões estáveis' ou 'entidades familiares'", como a expedida pelo 3º Tabelião de Notas e Protestos da Comarca de São Vicente/SP, que reconheceu uma união trisal como entidade familiar, atribuindo-lhe os efeitos jurídicos pessoais e patrimoniais daí decorrentes.

De acordo com a entidade, referido documento público é contrário às normas constitucionais e infraconstitucionais, uma vez que tanto o art. 226, §3º quanto o art. 1.723 do Código Civil reconheceria apenas a união estável monogâmica. Sustenta, ainda, que "o Direito somente tutela a afetividade em caso de relações lícitas, válidas e que acatam a ordem jurídica". Com relação aos Tabelionatos de Notas, estes estão sujeitos unicamente aos comandos legais existentes, não podendo inovar na ordem jurídica.

O Conselho Nacional de Justiça manifestou-se de forma definitiva sobre o tema no dia 26 de junho de 2018, estabelecendo entendimento que veda a lavratura de escritura pública de uniões poliafetivas como entidades familiares pelos cartórios brasileiros. Devido à recente decisão, o registro dos votos ainda não foi objeto de publicação institucional, mas estão disponíveis em vídeo, na plataforma virtual.

De acordo com o voto do Relator, Ministro João Otávio de Noronha, a construção do conceito de família no direito brasileiro está centrada no relacionamento monogâmico, ou seja, a união reconhecida apenas entre duas pessoas do mesmo sexo ou não. Vínculos afetivos múltiplos e simultâneos não encontram respaldo na Constituição Federal de 1988, nas leis aplicáveis à matéria e, menos ainda, na jurisprudência dos Tribunais Superiores.

O Ministro destaca, ainda, no segundo momento da sua argumentação, que não há aceitação social do poliafeto, sendo este restrito a um grupo diminuto de pessoas e com valores diametralmente opostos aos propugnados pela sociedade brasileira, de maioria cristã. O Direito deve se debruçar a regulamentar questões já assentadas no costume social, fato que não ocorre com o poliamorismo.

No que diz respeito à lavratura de escritura pública, que atribua o status de entidade familiar à uniões poliafetivas, o Ministro destacou que "situações contrárias à lei não podem ser objeto de escritura pública" e, indo além, "a escritura pública não tem o condão de criar direitos, nem uma nova estrutura familiar".

Aberta a divergência, a maioria dos membros do Conselho seguiu o voto do relator, tendo sido destacado pela Ministra Carmen Lúcia que o objeto da questão apreciada no órgão não é a relação entre as pessoas e o direito à liberdade individual, mas sim o poder dos cartórios no que diz respeito à lavratura de escrituras públicas que versem sobre o tema.

5 Considerações finais

O caso analisado aponta para o nó górdio que representa a atuação do Conselho Nacional de Justiça no Direito das Famílias e a possível extrapolação das suas atribuições constitucionais, fator esse utilizado como argumento para questionamentos da legitimidade jurídica e democrática de seus atos normativos que, não raras vezes, não são reconhecidos por profissionais do próprio direito que, por exemplo, ainda se recusam a celebrar/homologar casamentos homoafetivos.

A discussão proposta integra obrigatoriamente o tema da Hermenêutica e Teorias do Direito Civil-Constitucional, pois o reconhecimento de novas conformações familiares, além de inovar na ordem jurídica vigente, constituem decisões que refletem atos normativos vinculantes para os operadores do Direito. Como os juízes decidem ou devem decidir, nesse caso, o CNJ, trata-se de matéria afeta à Hermenêutica Jurídica, destinada a estabelecer métodos de interpretação da lei, assegurando a conformidade da aplicação e da execução da norma com o direito posto. Teoricamente, sob a égide da filosofia da consciência, do pensamento lógico cartesiano e do positivismo, a hermenêutica jurídica não encontrava grandes dificuldades em estruturar sua vertente técnica e, ao menos discursivamente, contribuir para determinar validade e legitimidade às decisões judiciais.

Todavia, observando o caminho apontado por Larenz (1991), da jurisprudência dos conceitos à jurisprudência dos valores, com a queda do objetivismo e dos pressupostos da lógica formal e com a ascensão do paradigma da linguagem e da visão do juiz como sujeito integrante da prática discursiva de interpretar a norma, o mero estabelecimento de métodos e técnicas de interpretação passaram a não ser mais suficientes para compreender e explicar o fenômeno jurídico traduzido na prática judiciária.

Com a introdução e o aprofundamento de uma nova racionalidade no direito, desenvolveram-se teorias da argumentação, com destaque para a racionalidade argumentativa e a lógica do razoável na Nova Retórica, de Perelman (2004), e teorias da decisão judicial, como, por exemplo, os teóricos do pragmatismo e realismo jurídicos estadunidense.

Considerando esse novo olhar sobre a forma e sobre o método, as decisões e atos normativos do Poder Judiciário e seus órgãos, propostos como instrumentos de prática e conformação do fenômeno do direito na atualidade, marcadamente destacado pela postura central que juízes e tribunais vem ocupando na operação direito x não direito ao considerarmos a interpretação evolutiva da Constituição, na dicotomia existente entre segurança jurídica (Estado Democrático de Direito) e mudança social.

Esse dualismo, observado muitas vezes de forma maniqueísta, reflete a complexidade trazida com a principiologia pós-positivista e sua ordem de valores e com a luta civil de indivíduos e grupos/movimentos sociais, reconhecidos como destinatários de direitos nas novas ordens constitucionais democráticas e pluralistas.

No caso brasileiro, a Constituição Federal de 1988 estabelece uma permanente tensão entre seus pressupostos normativos e a história política, jurídica e econômica patrimonialista e excludente do Brasil, que coloca o Poder Judiciário no centro do debate que envolve o chamado ativismo judicial ou criação judicial do direito.

Isso se verifica de forma ainda mais clara no julgamento que reconheceu a união homoafetiva como entidade familiar e no que excluiu o aborto do feto anencéfalo da tipologia criminal prevista no Código Penal, mediante interpretação conforme a Constituição. Ambos partiram de casos concretos em que foi necessário confrontar a legislação posta e válida com princípios constitucionais de ordem valorativa e demandas sociais que não mais se coadunavam com o estabelecido na literalidade da norma.

No Brasil, conforme anota Martins (2010), não há consenso doutrinário a respeito do crescente protagonismo judicial, bem como sobre seus efeitos na ordem democrática. Pode-se concluir que a questão está em como controlar o Poder Judiciário e seus órgãos para que não exorbitem de sua competência constitucional, garantir a participação da sociedade civil nos processos de decisão e promover o avanço da normatividade em consonância com as novas demandas e conjunturas familiares brasileiras.

Atualmente, o chamado litígio estratégico vem crescendo no País. Esse significa a proposiptura de ações sobre temas que encontram ainda pouca inserção no debate legislativo, como o foco de provocar o pronunciamento judicial que obrigue o Estado e particulares à realização e/ou aceitação de condutas que efetivem e legitimem direitos de minorias e/ou grupos vulneráveis.

A recepção dessas ações, embora permita avanços normativos, deve ser estudada pela Academia e utilizada com cautela como ferramenta, sob a possibilidade de gerar crises institucionais capazes de fragilizar princípios basilares do Estado Democrático de Direito e alcançar efeito reverso do pretendido.

No caso utilizado como paradigma, o CNJ, mesmo adotando postura conservadora sobre a possibilidade de reconhecimento do poliamor como entidade familiar na via administrativa, não se furtou em manifestar-se acerca do conteúdo do direito pleiteado e sua possibilidade de aceitação pelo ordenamento e aplicação pelos órgãos julgadores. De certa forma, impedir os cartórios de lavar escritura pública de uniões poliafetivas não deixa de ser restrição a direitos fundamentais, feita sob a análise subjacente da constitucionalidade de tal prática, o que é vedado ao órgão e extrapola as suas atribuições determinadas na Constituição Federal de 1988.

Por outro lado, não haveria como ser destinada solução ao Pedido de Providências, feito pela Associação do Direito de Família e das Sucessões, sem a análise de questões jurídicas e sociais mais profundas. Situações como essa demonstram o alargamento dos espaços institucionais como fóruns de discussão e estabelecimento de novos direitos após a promulgação da Constituição Federal de 1988

Referências

ADFAS. **CNJ decide pela vedação de escrituras públicas de relações poliafetivas**. Disponível em: <https://youtu.be/U7FTk-vLIjY>. Acesso em 8 jul 2018.

ADFAS. **Pedido de providências n.º 0001459-08.2016.2.00.0000**. Disponível em: <http://adfas.org.br/wp-content/uploads/2018/06/2-Memoriais-Pedido-de-Provid%C3%AAncias-0001459-08.2016.2.00.0000.pdf>. Acesso em 15 jun 2018.

ADFAS. **Voto do Relator Ministro João Otávio de Noronha pela procedência do pedido da ADFAS no CNJ**. Disponível em: < https://www.youtube.com/watch?v=IoiglhP2-H0>. Acesso em 8 jul 2018.

CNJ. **Resolução n.º 175, de 14 de maio de 2013.** Disponível em: <http://www.cnj.jus.br/busca-atos-adm?documento=2504>. Acesso em 29 mai 2018.

DIAS, Maria Berenice. **Manual de direito das famílias.** 9. ed. São Paulo: Revista dos Tribunais, 2013.

LARENZ, Karl. **Metodologia da ciência do direito.** Trad. José Lamego. 3. ed. Lisboa: Fundação Calouste Guebenkian, 1991.

MARTINS, Leonardo. Igualdade e liberdade na justiça constitucional: cortes constitucionais entre *self restraint* e vínculo ao direito constitucional positivo. In: TAVARES, André Ramos; LEITE, George Salomão; SARLET, Ingo Wolfgang. (Orgs.). **Estado constitucional e organização do poder.** São Paulo: Saraiva, 2010. p. 459-478.

MINAYO, Maria Cecília de Souza. **O desafio do conhecimento:** pesquisa qualitativa em saúde. 5. ed. Rio de Janeiro: HUCITEC-ABRASCO, 1998.

MORAES, Alexandre de. Limites da atuação do Conselho Nacional de Justiça: vedação ao exercício de jurisdição constitucional na via administrativa, **CNJ 10 anos**, 1 ed, Brasília, 2015, p. 19-44. Disponível em: <http://www.cnj.jus.br/files/conteudo/arquivo/2016/07/e28add 034bc27171ec21980c79aa8b42.pdf>. Acesso em 4 jun 2018.

PERELMAN, Chaïn. **Lógica jurídica.** Nova retórica. Trad. V. K. Pupi. São Paulo: Martins Fontes, 2004.

STRECK, Lenio Luiz; SARLET, Ingo Wolfang; CLÈVE, Clemerson Merlin. **Os limites constitucionais das resoluções do Conselho Nacional de Justiça (CNJ) e Conselho Nacional do Ministério Público (CNMP).** Disponível em: <http://www.egov.ufsc.br/portal/sites/default/files/anexos/1565 3-15654-1-PB.pdf>. Acesso em 07 mai 2018.

A INFLUÊNCIA DA ESPÉCIE DE GUARDA NA SOLIDIFICAÇÃO OU ROMPIMENTO DA ALIENAÇÃO PARENTAL

ALICE SOARES DA SILVA
MANUELA BRAGA GALINDO

Introdução

Nos dias de atuais, com a evolução do conceito de família, bem como com a desburocratização dos rompimentos matrimoniais, tornou-se mais evidente a preocupação do Estado com as crianças envolvidas nestas relações familiares.

Baseado no superior interesse da criança e do adolescente, fez-se necessário o Estado criar maneiras de encaixar as crianças e adolescentes de forma segura e minimamente invasiva em um novo estado familiar, objetivando sempre um convívio saudável, independente da ruptura de relacionamento entre cônjuges, parentes e demais pessoas que possuam autoridade sobre eles. O Estado cria, então, as espécies de guarda para proteção da criança.

Apesar de já possuir lei específica, a alienação parental ainda é pouco explorada pelo judiciário, que dificilmente atua nestes casos de forma preventiva, agindo apenas repressivamente quando acionado para tal. Como consequência, as ações que envolvem a disputa ou regulamentação de guarda são cada vez mais frequentes no ordenamento jurídico brasileiro e em sua maioria há indícios e questionamentos acerca da prática de alienação parental.

Isto porque as espécies de guarda nem sempre são implantadas de forma correta pelos juízes, que devem analisar cada caso concreto com apoio de estudo e acompanhamento psicossocial, para que, à luz das informações obtidas, possam interferir de forma positiva e conveniente a cada caso, observando as suas particularidades, utilizando o instituto da guarda como instrumento protetivo contra a prática da alienação parental.

Como forma de proteção à criança, o Código Civil pátrio de 2002 estabelece a guarda compartilhada como sendo a primeira opção a ser considerada por apresentar características favoráveis à convivência dos filhos com ambos os pais, permitindo que estes atuem nas suas vidas de forma simultânea e igualitária. Todavia, o número de implantação de guarda unilateral ainda é muito superior ao da guarda compartilhada (IBGE, 2016). Tal informação comparada com o crescente número de ações que versam sobre a prática de alienação parental no seio do judiciário, permite indagar acerca da ligação existente entre elas.

Dessa forma, o trabalho gira em torno de responder à pergunta: pode a guarda se transformar em instrumento de ruptura ou de solidificação da prática da alienação parental?

O presente trabalho é de cunho descritivo, qualitativo, bibliográfico, documental e dedutivo. Faz-se uma revisão bibliográfica dos institutos da guarda e da alienação parental para, em seguida, analisar a atuação do poder judiciário diante das ações que discutem a guarda a e a alienação parental sofrida pela criança e o adolescente.

1. A posição normativa do instituto da guarda no exercício do poder familiar

O instituto da guarda não é regulamentado em nosso ordenamento jurídico, limitando-se o CC/02 a identificá-lo como sendo um atributo do poder familiar (DIAS, 2015). Neste prisma, embora o ordenamento jurídico não tenha conceituado a guarda, é possível esclarecer, através de análise de seus atributos e pesquisa doutrinária, o que vem a ser o instituto e de que forma ele atua. A palavra "guarda" significa guardar, cuidar, proteger (AURELIO, 2018), portanto, é o ato de ter o filho sob sua permanência, sob seus cuidados, sob sua posse de fato (BRASIL, 1990).

O poder familiar é um direito-dever dos pais, advindos da maternidade, em cuidar da criação e proteção dos filhos (BRASIL, 2002). É imprescindível destacar que, apesar da guarda estar atrelada ao poder familiar, estes não se confundem, posto que a guarda é um dos atributos do poder familiar, é um dos meios de seu exercício.

O aludido instituto constitui, como foi dito, um múnus público, pois ao Estado, que fixa normas para o seu exercício, interessa o seu bom desempenho. É, portanto, irrenunciável, incompatível com a transação, e indelegável, não podendo os pais renunciá-lo, nem transferi-lo a outrem. Do contrário, estar-se-ia permitindo que, por sua própria vontade, retirassem de seus ombros uma obrigação de ordem pública, ali colocada pelo estado. (GONÇALVES, 2015, p. 422)

Pode-se extrair deste entendimento que o poder familiar possui características que evidenciam a obrigatoriedade de zelar belo bem estar das crianças e adolescentes, sendo este poder personalíssimo, por isso é irrenunciável, intransferível, inalienável e imprescritível, só podendo ser exercido a princípio pelos pais, a quem compete o dever de guarda e proteção, sendo estes, atributos do poder familiar, ou ainda, através da filiação legal (DIAS, 2015), que é adquirida mediante normatização jurídica, como nos casos de adoção e reprodução assistida. Oportuno se faz, destacar ainda, a existência da filiação socioafetiva, que mesmo não sendo sanguínea ou legal é algo real e que já fora identificada, conforme preconiza o Art. 227, §6° da CRFB/88, que trata do princípio da igualdade entre os filhos. (SANTANA, 2016).

Baseado no superior interesse da criança e do adolescente, fez-se necessário o Estado criar maneiras de encaixar esses menores de forma segura e minimamente invasiva nos mais variados modelos de família, objetivando sempre um convívio saudável, independente da ruptura de relacionamento entre cônjuges, parentes e demais pessoas que possuam autoridade sobre os menores, decorrentes ou não do poder familiar.

Apesar deste encargo conferido aos genitores ser irrenunciável, indelegável e inalienável, está sujeito a fiscalização por parte do Estado, que ao constatar o desvirtuamento de tais obrigações age de forma protetiva e repressiva, suspendendo, retirando e extinguindo o poder familiar, se constatados fatos que ensejem na incompatibilidade do exercício por um ou ambos os pais, sendo uma ação muito mais protetiva para os filhos, que punitiva para os genitores. (COMEL, 2003).

O instituto da guarda é, então, parte dos direitos e deveres que compõem o poder familiar, mas também fruto da intervenção estatal, criado por lei, para definir juridicamente o destino dos filhos, bem como para determinar os direitos e deveres dos pais, diante do novo estado familiar ou da perda do poder familiar por aquele que o detenha.

Com o advento do Novo Código Civil de 2002, o legislador tratou de cuidar da guarda em oportunidades distintas, nos artigos 1.583 a 1590, se referindo aos filhos havidos no casamento e nos artigos 1.611 e 1.612, tratando da guarda dos filhos havidos fora do casamento (DIAS, 2015). Muito embora, estejam sendo tratados em oportunidades distintas, o princípio da igualdade entre filhos, disposto no artigo 227 § 6º da CRFB/88 e no artigo 1.596 do CC/2002, garantem os mesmos direitos e qualificações entre os filhos havidos dentro ou fora do casamento e os adotivos (DIAS, 2015).

O CC/02, apresentou duas espécies de guarda, quais sejam, a guarda unilateral e a Guarda compartilhada, que podem ser utilizadas, de acordo com sua adequação em cada caso concreto. Contudo, a guarda compartilhada é tida pelo ordenamento jurídico, como a regra, ou seja, deve ser sempre a primeira escolha a ser considerada, só cabendo as demais, caso a espécie compartilhada seja inviável. Vejamos:

> Art. 1.584. A guarda, unilateral ou compartilhada, poderá ser: (Redação dada pela Lei nº 11.698, de 2008). [...]
>
> § 1o Na audiência de conciliação, o juiz informará ao pai e à mãe o significado da guarda compartilhada, a sua importância, a similitude de deveres e direitos atribuídos aos genitores e as sanções pelo descumprimento de suas cláusulas. (Incluído pela Lei nº 11.698, de 2008).
>
> § 2o Quando não houver acordo entre a mãe e o pai quanto à guarda do filho, será aplicada, sempre que possível, a guarda compartilhada. (Incluído pela Lei nº 11.698, de 2008). (BRASIL, 2002)

Muito embora, o legislador só houvesse mencionado explicitamente, sobre a guarda unilateral e compartilhada, há ainda, de acordo com a doutrina majoritária, a guarda em sua espécie monoparental e alternada, conforme descreveremos no subitem que trata das espécies de guarda.

A guarda monoparental é a espécie em que apenas um dos genitores detém a guarda dos filhos em uma família monoparental. A guarda unilateral é a atribuída a apenas um dos pais, e em caso da falta ou impedimento destes, poderá ser atribuída a alguém que os substitua, devendo ser aplicada àquele que possua melhores condições no tocante ao fornecimento de educação, saúde, segurança e lar harmonioso com boas relações afetivas. A guarda alternada remete a revezamento; por determinados períodos um ou outro genitor mantém os filhos sob sua guarda exclusiva, por determinado período de tempo, sendo assim uma junção da guarda unilateral em seu caráter exclusivo e da guarda compartilhada, no exercício da guarda por ambos os pais, em momentos diversos.

Prevista no art. 1.583 do CC/02, a guarda compartilhada consiste no exercício da guarda por ambos os pais, que embora não convivam mais sob o mesmo teto, partilham entre si os direitos e deveres inerentes à criação dos filhos, com a responsabilidade conjunta, cabendo a ambos as práticas e decisões advindas do poder familiar. Para que a guarda compartilhada seja implantada, há de ser realizado, assim como nas demais espécies de guarda, o juízo de conveniência, posto que embora seja a espécie que mais preserve os filhos, em se tratando se convivência familiar, esta deve ser implantada, respeitado algumas observações, quais sejam: local de residência dos pais, condições físicas e psíquicas tanto dos pais quanto dos filhos, bem como a preferência por este modelo de guarda.

2. Aspectos jurídicos da alienação parental

A expressão "Alienação Parental" (*Parental Alienation*), que significa "criar antipatia paterna", foi segundo GONÇALVES (2015), utilizada por Richard Gardner, professor de psiquiatria infantil da Universidade de Colúmbia, em 1985, em um tribunal norte americano, em que se discutia a guarda de menores. Fora constatado que um dos genitores induzia os filhos a romperem laços afetivos com o outro genitor

O termo descreve a situação causada pela manipulação de ordem psíquica, os pais manobravam os sentimentos dos filhos, através de falsa imagem criada do outro genitor, fazendo a criança criar aversão e desprezo, levando-o a cortar os laços afetivos com o genitor atingido.

Denota-se, diante disto, que a alienação parental é manipulação psíquica dos filhos, exercida, em regra, por um dos genitores, parentes ou outro indivíduo, que detenha a guarda e convivência da criança, face um genitor, em litígios que envolvem dissolução do vínculo conjugal e guarda. Baseia-se na desmoralização, no desprestígio e na desconstrução da boa imagem do outro perante os filhos, causando seu distanciamento, objetivando, em suma, a vingança causada pelo descontentamento afetivo com o atingido. Na maioria dos casos ocorre quando há litígio envolvendo os pais durante o processo de divórcio, quando há também a manipulação dos filhos como uma das formas de atacar o outro genitor.

A prática da alienação parental é exercida através do induzimento de um genitor perante os filhos, fazendo-os acreditar em falsa realidade criada através de comentários maldosos sobre o outro, críticas negativas, imposição de dificuldades no convívio com a criança, inviabilizando o direito de visitas. A conduta tende a fazer com que os filhos criem aversão a (o) novo (a) companheiro (a) do outro genitor, dentre tantas outras situações em que o objetivo seja afastar do convívio do outro, criando, assim, uma verdadeira batalha em que os filhos se tornam a arma e o genitor atingido, o alvo.

O entendimento acima exposto, fora extraído do art. 2º da Lei nº 12.318, conforme dispositivo abaixo transcrito:

> Art. 2º. Considera-se ato de alienação parental a interferência na formação psicológica da criança ou do adolescente promovida ou induzida por um dos genitores, pelos avós ou pelos que tenham a criança ou adolescente sob a sua autoridade, guarda ou vigilância para que repudie genitor ou que cause prejuízo ao estabelecimento ou à manutenção de vínculos com este. (BRASIL, 2010)

Isto é, ainda que os menores ou maiores incapazes estejam sob a guarda de parentes ou demais pessoas, que não os genitores, estes que estão em posse dos menores, podem exercer o papel de alienador, em prol de interesses próprios, que não necessariamente expressem sentimento de vingança, podendo ser por egoísmo, desejando a companhia e afeto dos menores para si, por interesses de ordem financeira ou até mesmo por questões relacionadas ao preconceito em suas mais variadas formas.

A alienação parental possui características e critérios peculiares, direcionados a manipulação psíquica dos filhos menores, através da implantação de ideias deturpadas do outro genitor, o qual quer atingir, distanciando-o dos filhos. Os efeitos da prática da alienação parental na vida das crianças vão além da supressão do direito de convivência destes com seus genitores e demais familiares, afetam não apenas o convívio familiar, mas todo um sistema físico e psicossocial, uma vez que as crianças e adolescentes vítimas da alienação parental, possuem suas vidas marcadas, tornando-se adultos com problemas psiquiátricos. Os efeitos nas crianças vítimas da Síndrome de Alienação parental podem ser uma depressão crônica, incapacidade de adaptação em ambiente psicossocial normal, transtornos de identidade e de imagem, desespero, sentimento incontrolável de culpa, sentimento de isolamento, comportamento hostil, falta de organização, dupla personalidade e às vezes suicídio (PODEVYN, 2001).

É importante esclarecer, no entanto, a distinção existente entre a alienação parental e sua síndrome, posto que ambas apesar de tratarem do mesmo tema, não se coadunam, pois, a prática da alienação parental refere-se ao exercício em si da alienação parental, enquanto a outra é consequência adquirida com tal prática.

3. Solidificação e rompimento da alienção parental por meio das espécies de guarda

Em um primeiro momento, quando ambos os genitores rompem os laços afetivos, pondo fim a união, ocorre além da partilha de bens, a decisão acerca do destino dos filhos, ou seja, já deve ser pensado com quem eles ficarão.

E esse é um momento extremamente importante, pois a presença de ressentimentos, insatisfação e revolta, podem levar os pais a tratarem da guarda dos filhos, não como um instrumento protetivo diante do desgaste físico e emocional causados pela separação, mas passam a ver a guarda como uma maneira de atingir o outro genitor, utilizando-a como uma verdadeira arma de vingança.

E é realmente em uma verdadeira arma, que a guarda se transforma. Quando implantada de maneira inadequada a guarda pode se tornar uma forte aliada ao exercício da alienação, ou inclusive um meio solidificador de tal prática.

Isto porque, ainda que o poder familiar não se dissolva junto com a união conjugal, a espécie de guarda a ser implantada pode distanciar e/ou dificultar o convívio dos menores com um dos pais, privando assim o direito de convivência com eles, de forma proporcional e igualitária. (DIAS, 2015).

Como já se pode observar na leitura anterior, um dos fatores facilitadores da prática da alienação parental é o tempo em que o alienante possui com os menores em seu poder, uma vez que por tê-los por mais tempo em sua companhia, possuem maior domínio sobre os mesmos, controlando sua rotina diária e vigiando seu comportamento, não permitindo que o outro genitor consiga manter os mesmos laços afetivos que outrora, ainda que a estes sejam resguardados o direito-dever de visitas.

Neste prisma, pode-se atentar que a guarda em sua espécie unilateral, por ser imposta exclusivamente a um dos genitores, torna-se um meio facilitador e solidificador da prática da alienação parental, conforme aclaramento de Jussara Schmitt:

A guarda unilateral pode fomentar os sentimentos possessivos do genitor guardião em relação aos filhos, possibilitando a ocorrência da alienação parental. Diante disto, a decisão judicial que atribui a guarda do filho a um ou a outro genitor, deve estar calcada no princípio constitucional do melhor interesse da criança, quando não for possível a guarda compartilhada. (SANDRI, 2013, p. 153)

Esta espécie de guarda, continua sendo a mais implantada no judiciário, e isto se deve por vários fatores. Primeiro pela questão histórica, por ser a primeira espécie de guarda implantada no judiciário, e por ser também comumente utilizada informalmente por decisão dos próprios genitores; segundo pela questão cultural, ficando os filhos menores quase sempre aos cuidados da mãe, por questões relacionadas a maternidade e ao antigo papel da mulher na sociedade. (DIAS, 2015).

Cumpre ressaltar que a prática da alienação parental na guarda unilateral pode não ter apenas a finalidade de punição e vingança, ela pode ter finalidade de cunho econômico, podendo ser utilizada como um meio de garantir a mantença do genitor guardião, uma vez que através da fixação de alimentos, para os filhos menores, o(a) genitor(a) prefere a guarda unilateral, pensando além do desejo materno, em sua própria subsistência, já que muitas vezes a ruptura conjugal afeta a parte financeira da família.

Já a guarda compartilhada, inseria no Código Civil Pátrio de 2002, pela Lei nº 13.058/14, é a espécie de guarda em que ambos os pais são detentores de direitos e deveres do menor, exercendo-os de forma conjunta, primando assim pela preservação da convivência com ambos os genitores ou substitutos.

Nesta espécie de guarda, que já é uma tendência mundial (MAGALHÃES, 2011), embora haja o rompimento conjugal dos genitores, o vínculo e a convivência familiar não são afetados, pois na guarda compartilhada os direitos e encargos com a criação dos filhos são iguais.

Deste modo, sob a ótica do superior interesse da criança e adolescente, e sob seu direito de convivência com ambos os pais, resta claro que a guarda compartilhada é a espécie que mais protege os menores diante das mudanças trazidas com a separação dos pais. Ocorre que, para ser implantada e surtir os efeitos previstos, a guarda compartilhada só é cabível quando ambos os pais em comum acordo a desejam, posto que seria um sério risco a proteção integral do menor, ficar sob a guarda de um genitor de forma forçada. Desta feita o Art. 1.584 do CC/02 em seu § 2°, aduz que embora a rega seja a de implantar a guarda compartilhada, nos casos de discordância, o juiz deixará de implantá-la caso um dos genitores não a deseje.

Este é grande desafio do judiciário, dirimir o litígio acerca da guarda e conscientizar as partes sobre os benefícios da guarda compartilhada, esclarecendo as dúvidas e questionamentos que permeiam a ignorância das pessoas sobre o tema. Isto porque em muitos casos onde guarda compartilhada poderia ser perfeitamente implantada, deixou de ser devido à falta de conhecimento dos ex-cônjuges, principalmente em relação aos alimentos e a moradia das crianças. Acreditam que a guarda compartilhada acarreta na dupla moradia dos filhos menores, por espaços de tempos iguais para ambos os cônjuges, pois bem, até então está-se falando da guarda alternada, posto que na guarda compartilhada, os filhos podem passam a residir com um dos cônjuges, todavia, todos os atributos inerentes a guarda será exercido por ambos os cônjuges.

Posto que, em grande parte dos casos de rompimento dos vínculos conjugais, ainda que não envolvam litígio aparente, existe a vontade das partes, seus desejos os levam a requerer o que melhor lhes prouver, e muitas vezes são os seus interesses pessoais que determinam o tipo de guarda a ser requerida no judiciário.

Portanto, para garantir a correta implantação é necessário que na vara de família haja uma equipe multidisciplinar, que inclua além do advogado, Ministério Público e Juiz, profissionais da área de Serviço Social e Psicologia.

A presença da multidisciplinaridade é de extrema importância, pois atua como um agente facilitador durante as discussões sobre a guarda, com a atuação de profissionais habilitados a realizar um estudo psicossocial, anterior a escolha da guarda a ser implantada, nos casos em que haja a suspeita da prática de alienação parental:

> É preciso que os operadores de Direito tenham conhecimento da relevância da atuação multidisciplinar em demandas que envolvam conflitos familiares, pois, sem o auxílio de profissionais habilitados a trabalhar e entender os sentimentos das pessoas, que normalmente já estão fragilizadas diante da ruptura familiar, sob pena de se deparar com julgamentos frios, eivados de objetividade, mas que, na verdade, não se coadunam com a realidade e a necessidade das pessoas envolvidas naquela questão. (SANDRI, 2013, p. 161)

No estudo psicossocial, será possível avaliar o relacionamento dos menores com os genitores, além de detectar se entre a relação de pais e filhos já existe a prática da alienação parental. Este estudo é feito com base em critérios legais, estabelecidos na própria Lei da Alienação Parental, constante no Art. 5°, §1° e 2°, ao estabelecer:

> Art. 5o Havendo indício da prática de ato de alienação parental, em ação autônoma ou incidental, o juiz, se necessário, determinará perícia psicológica ou biopsicossocial.
>
> § 1o O laudo pericial terá base em ampla avaliação psicológica ou biopsicossocial,
>
> conforme o caso, compreendendo, inclusive, entrevista pessoal com as partes, exame de documentos dos autos, histórico do relacionamento do casal e da separação, cronologia de incidentes, avaliação da personalidade dos envolvidos e exame da forma como a criança ou adolescente se manifesta acerca de eventual acusação contra genitor.
>
> § 2o A perícia será realizada por profissional ou equipe multidisciplinar habilitados, exigido, em qualquer caso, aptidão comprovada por históric profissional ou acadêmico para diagnosticar atos de alienação parental. (BRASIL, 2010)

Em se tratando de males que ameaçam a integridade física e psíquica dos menores, não se pode agir apenas repressivamente, conforme preconiza o princípio da proteção integral da criança e adolescente, pois é melhor prevenir do que remediar.

Desta forma, além da necessidade de realização de um estudo psicossocial prévio, é indispensável que haja um acompanhamento familiar, caso tenha sido constatada a prática de alienação parental.

Isto porque, não basta apenas constatar tal prática e punir o alienador, é necessário que as crianças vítimas da alienação sejam acompanhadas, para averiguar se as medidas impostas pelo juiz foram de fato as mais adequadas, e acompanhar a evolução e inserção do alienador de volta ao convívio com o alienado, já que embora o alienador seja punido, a criança e adolescente não pode ter seu direito de convivência cerceado.

Com esses cuidados a guarda deve ser modificada com vistas a atender o superior interesse da criança e adolescente, caso se verifique que a implantação de determinada espécie de guarda pelo judiciário, não atende aos interesses dos menores, senão apenas o dos pais. Fato que é comum na justiça de 1º grau, como já fora visto. O julgado do Tribunal de Justiça do Distrito Federal ilustra:

> AÇÃO DE ALTERAÇÃO DE GUARDA, CONVIVÊNCIA FAMILIAR. GUARDA COMPARTILHADA. 1. Não é a conveniência dos pais que deve orientar a definição da guarda, mas o interesse do filho. 2. A chamada guarda compartilhada não consiste em transformar o filho em objeto, que fica a disposição de cada genitor por um determinado período, mas uma forma harmônica ajustado pelos genitores, que permita à criança desfrutar tanto da companhia paterna como da materna, num regime de visitação bastante amplo e flexível, mas sem que ele perca seus referenciais de moradia. 3. A sentença atacada merece ser reformada apenas no ponto que definiu a guarda unilateral em favor do genitor, devendo ser estabelecida a guarda compartilhada, mas determinando que o referencial de moradia do menor seja a casa paterna, pois o menor está com o genitor há alguns anos, estando bem adaptado a rotina familiar paterna, no mais a sentença deverá ser mantida. Recurso parcialmente provido. (Apelação Cível Nº 70075071803, Sétima Câmara Cível, Tribunal de Justiça do RS, Relator: Sérgio Fernando de Vasconcellos Chaves, Julgado em 24/10/2017). (TJ-RS - AC: 70075071803 RS, Relator: Sérgio Fernando de Vasconcellos Chaves, Data de Julgamento: 24/10/2017, Sétima Câmara Cível, Data de Publicação: Diário da Justiça do dia 26/10/2017)

A jurisprudência acima exposta comprova a ideia de que os juízes aplicam a guarda unilateral sem maiores questionamentos, posto que neste caso, ambos os genitores pleitearam a guarda do filho. Diante disso, a colenda câmara concedeu provimento parcial, no tocante a espécie de guarda, que foi modicada, passando a ser compartilhada por melhor atender os interesses do infante.

Da mesma forma a decisão a seguir demonstra a compreensão da importância do estudo psicossocial para como aliado do magistrado na estipulação da guarda:

APELAÇÃO. DIREITO DE FAMÍLIA. AÇÃO NO RITO ORDINÁRIO AJUIZADA PELA MÃE EM FACE DO GENITOR PRETENDENDO A GUARDA DO FILHO MENOR, ATUALMENTE COM OITO ANOS. SENTENÇA JULGANDO PROCEDENTE O PEDIDO. APELAÇÃO DO MINISTÉRIO PÚBLICO. PRELIMINARMENTE, REQUER A ANULAÇÃO, CONSIDERANDO NÃO TER HAVIDO ESTUDO SOCIAL E PSICOLÓGICO DO CASO. NO MÉRITO, PLEITEIA A GUARDA COMPARTILHADA. APELAÇÃO DO RÉU. REQUER A GUARDA COMPARTILHADA. PROVIMENTO DA APELAÇÃO DO MINISTÉRIO PÚBLICO. ANULAÇÃO DA SENTENÇA PARA DETERMINAR A REALIZAÇÃO DO ESTUDO SOCIAL E PSICOLÓGICO. PREJUDICADA A APELAÇÃO DO RÉU. Diante das compreensíveis contradições entre as partes e sem fazer ilações sobre quem deteria a verdade, já que um único fato pode ter diferentes versões a partir da vivência de cada um, ganha mais peso a necessidade de se realizar estudo social e psicológico do caso por profissionais de confiança do juízo, eis que suas conclusões necessariamente trarão uma posição isenta sobre a questão, que certamente será de grande valia para subsidiar melhor o entendimento do juízo. Se por fim, mesmo com as diligências levadas a efeito, não se obtiver resultado mais efetivo, ao menos se terão esgotado os meios para prestação da jurisdição mais consentânea aos objetivos da proteção integral acolhida pelo Estatuto da Criança e do Adolescente. Precedentes jurisprudenciais desta Corte. PROVIMENTO DA

APELAÇÃO DO MINISTÉRIO PÚBLICO PARA ANULAR A SENTENÇA E DETERMINAR O PROSSEGUIMENTO DO FEITO, COM REALIZAÇÃO DO ESTUDO SOCIAL E PSICOLÓGICO. PREJUDICADA A APELAÇÃO DO RÉU.

(TJ-RJ - APL: 00058105520138190208 RJ 0005810-55.2013.8.19.0208, Relator: DES. JUAREZ FERNANDES FOLHES, Data de Julgamento: 17/06/2015, DÉCIMA QUARTA CAMARA CIVEL, Data de Publicação: 23/06/2015 15:00) Neste caso fora observado que não houve estudo psicossocial que respaldasse a decisão do magistrado, sendo assim, o Órgão Colegiado, concedeu provimento ao MP, anulando a sentença, determinando que fosse realizado um estudo social e psicológico que embasasse a estipulação da guarda.

A seguir ainda, decisão que demonstra como a guarda, no seio do judiciário, é um forte instrumento de ruptura da prática da alienação parental:

AGRAVO DE INSTRUMENTO. GUARDA. ALIENAÇÃO PARENTAL. ALTERAÇÃO. CABIMENTO. 1. Em regra, as alterações de guarda são prejudiciais para a criança, devendo ser mantido a infante onde se encontra melhor cuidada, pois o interesse da criança é que deve ser protegido e privilegiado. 2. A alteração de guarda reclama a máxima cautela por ser fato em si mesmo traumático, somente se justificando quando provada situação de risco atual ou iminente, o que ocorre na espécie. 3. **Considera- se que a infante estava em situação de risco com sua genitora, quando demonstrado que ela vinha praticando alienação parental em relação ao genitor, o que justifica a alteração da guarda.** 4. A decisão é provisória e poderá ser revista no curso do processo, caso venham aos autos elementos de convicção que sugiram a revisão. **Recurso provido.** (Agravo de Instrumento N° 70067827527, Sétima Câmara Cível, Tribunal de Justiça do RS Relator: Sérgio Fernando de Vasconcellos Chaves, Julgado em 16/03/2016). (TJ-RS - AI: 70067827527 RS, Relator: Sérgio Fernando de Vasconcellos Chaves, Data de Julgamento: 16/03/2016, Sétima Câmara Cível, Data de Publicação: Diário da Justiça do dia 21/03/2016)

Tem-se caso em que a modificação emergencial de guarda a princípio foi negada em primeira instância, sendo assim o genitor impetrou recurso cabível da tutela pleiteada, negada em decisão interlocutória. Na segunda instância seu pedido foi acatado, posto que restou comprovada a prática de alienação parental, e, com isso, a guarda foi alterada.

O caso nos mostra que a substituição da guarda pode ser feita em casos excepcionais, sustando a prática da alienação parental, tão prejudicial as crianças, configurando assim em um instrumento de ruptura da alienação parental.

Conclusões

Com a efetivação do rompimento conjugal, em que, via de regra, a criança passa a ter maior contato com apenas um dos genitores, há também uma maior vulnerabilidade dos filhos a serem alienados pelo genitor convivente, que pode passar a praticar atos de alienação parental.

A intensidade e a recorrente prática de atos alienantes estão diretamente ligadas ao tempo em que o alienante tem para manipular os filhos. Desta forma, possuir a guarda possibilita um maior domínio e controle físico e emocional, criando assim, barreiras e empecilhos na manutenção da convivência dos menores com o genitor que não detém os mesmos poderes de guarda.

Sendo assim, o guardião unilateral dos filhos, terá um maior domínio na vida destes, podendo valer-se de sua condição para prejudicar e minimizar ainda mais o poder familiar do outro genitor, não detentor da guarda, para com os filhos.

Esta espécie de guarda continua sendo a mais implantada no judiciário, e isto se deve por vários fatores. Primeiro pela questão histórica, por ser a primeira espécie de guarda implantada no judiciário, e por ser também comumente utilizada informalmente por decisão dos próprios genitores; segundo pela questão cultural, ficando os filhos menores quase sempre aos cuidados da mãe, por questões relacionadas à maternidade e ao antigo papel da mulher na sociedade. (DIAS, 2015)

Percebe-se a importância da figura da guarda, uma vez que em sua espécie unilateral, possibilita que um dos genitores detenha maior poder sobre os filhos, podendo essa vantagem ser um meio facilitador da prática da alienação parental.

Já a guarda compartilhada, inseria no Código Civil Pátrio de 2002, pela Lei nº 13.058/14, é a espécie de guarda em que ambos os pais são detentores de direitos e deveres do menor, exercendo-os de forma conjunta, primando assim pela preservação da convivência com ambos os genitores ou substitutos.

Ocorre que, para ser implantada e surtir os efeitos previstos, a guarda compartilhada só é cabível quando ambos os pais em comum acordo a desejam, posto que seria um risco à proteção integral da criança ficar sob a guarda de alguém de forma forçada. Desta feita o Art. 1.584 do CC/02 em seu § 2º, aduz que embora a rega seja a de implantar a guarda compartilhada. Nos casos de discordância, o juiz deixará de implantá-la caso um dos genitores não a deseje.

O parágrafo em comento traduz proteção ao interesse da criança, demonstrando que a guarda compartilhada, implantada de forma forçada, pode ser um meio facilitador e solidificador da prática de alienação parental, pois como os assuntos pertinentes a criação dos filhos cabe a ambos os pais de forma igual, poderia haver aí um conflito de interesses, de quem pode mais, de quem possui maior autoridade, seria um verdadeiro "manda e desmanda". Isto posto, feliz foi a inserção desse parágrafo, visando a proteção da criança e do adolescente, ainda que em se tratando de guarda compartilhada.

Superado isto, é importante frisar que embora a guarda compartilhada também possa ser palco de conflitos de natureza alienar, esta dificilmente ocorre, pois como já fora explicitado, a guarda compartilhada é implantada quando ambos os genitores consentem na criação dos filhos de forma conjunta.

Este é grande desafio do judiciário, dirimir o litígio acerca da guarda e conscientizar as partes sobre os benefícios da guarda compartilhada, esclarecendo as dúvidas e questionamentos que permeiam a ignorância das pessoas sobre o tema. Isto porque em muitos casos onde guarda compartilhada poderia ser perfeitamente implantada, deixou de ser devido à falta de conhecimento dos ex-cônjuges, principalmente em relação aos alimentos e a moradia dos menores.

Referências bibliográficas

BRASIL. IBGE. **Estatística do registro Civil**, Disponível em:<https://sidra.ibge.gov.br/Tabela/5936#resultado>. 2016. Acesso em 08 mai. 2018.

BRASIL. **Estatuto da Criança e Adolescente**. Disponível em: < http://www.planalto.gov.br/ccivil_03/leis/l8069.htm> Acessado em 17 fev. 2018.

BRASIL. **Código Civil**, Lei nº 10.406, de 10 de janeiro de 2002. Brasília. Senado, 2008.

BRASIL. **Lei da Alienação Parental**, Lei nº12.318 de 26 agosto de 2010. Brasília. Senado.

COMEL, Denise Damo. Do Poder Familiar. São Paulo: Editora Revista dos Tribunais, 2003.

DIAS, Maria Berenice. **Manual de Direito das Famílias**, 04ª ed. São Paulo: Editora Revista dos Tribunais. 2015.

GONÇALVES, Carlos Roberto. **Direito Civil Brasileiro**. 12ª ed. São Paulo: Saraiva. 2015. 2015.

MAGALHÃES, Maria Valéria de Oliveira Correia. Alienação Parental e sua Síndrome. 1ª ed. Recife: Bagaço. 2011.

PODEVYN, François. **Síndrome de alienação parental**. In: Associação de pais e Mães Separados. (trad.). 04 abr. 2001. In: Disponível em: http://www.apase.org.br/94001-sindrome.htm.

SANDRI. Jussara Schmitt. **Alienação Parental: O uso dos Filhos como Instrumento de Vingança entre os Pais**. 22ª ed. Curitiba: Juruá, 2013.

SANTANA, Yasmin. **Aspectos Relevantes Acerca do Instituto da Filiação**. (Artigo Científico). Jurídico Certo, 2016. Disponível em: < https://juridicocerto.com/p/yasminn-santanna/artigos/aspectos-relevantes-acerca-do-instituto-da-filiacao-2768>.

MEDIAÇÃO E CONSTELAÇÕES SISTÊMICAS NA RESOLUÇÃO CONSENSUAL DE CONFLITOS NO DIREITO DE FAMÍLIA E NO JUDICIÁRIO

NATHÁLIA RAMALHO ESPÍNDOLA BELTRÃO
MARIA CRISTINA PAIVA SANTIAGO

1 Introdução

O tema abordado diz respeito à nova postura do Judiciário no que se refere aos métodos adequados para resolução consensual de conflitos e autocomposição, principalmente no tocante a litígios da Vara de Família.

O juiz de direito do estado da Bahia, Sami Storch, foi o pioneiro em introduzir a ciência das Constelações Sistêmicas Familiares desenvolvida pelo psicoterapeuta e filósofo alemão Bert Hellinger no judiciário para dirimir tais conflitos. Seu trabalho vem inspirando juízes e operadores do direito por todo o Brasil, pois o índice de acordos obtidos por meio desta técnica, quando ambas as partes do processo participaram da vivência das constelações familiares, foi de 100% (STORCH, 2014).

O Novo Código de Processo Civil (Lei 13.105/2015) inaugura a audiência prévia com função exclusivamente conciliatória, instituto importado pelos legisladores dos Juizados Especiais com o intuito de aumentar o percentual de solução consensual de conflitos. Sendo assim, possui grande relevância a atual discussão e o estudo oriundos do que já vem sendo feito e praticado no judiciário através das Constelações Sistêmicas Familiares como método adequado para resoluções de conflitos, pois o número de casos resolvidos com este método é notável, especialmente no que diz respeito à celeridade.

Neste sentido, a Justiça precisa cumprir com os princípios que a norteiam como, por exemplo, o princípio do devido processo legal substancial, devendo assegurar que as aplicações das normas sejam razoáveis e proporcionais, buscando sempre uma tutela jurisdicional efetiva para o caso concreto e nada menos que o princípio da efetividade processual, ou seja, para atingir os melhores resultados da forma mais célere e com o menor custo possível.

O Direito Sistêmico, assim chamado pelo juiz Sami Storch, é baseado em ordens superiores que regem as relações humanas. É alicerçado numa ótica mais ampla e humanizada, indo além do positivismo jurídico e, facilitando assim, a resolução de litígios que, se dependessem apenas do processo judicial comum, seriam dificilmente resolvidos em sua origem.

Atualmente o judiciário enfrenta sérios problemas, pois a cultura jurídica valoriza sobretudo o artifício da sentença estatal para a resolução dos conflitos e, haja vista a massificação das demandas, é notória a lentidão e ineficácia deste sistema que já não suporta mais a evolução da sociedade e de suas necessidades.

A recente sanção do atual Código de Processo Civil (Lei 13.105/2015), da Lei de Mediação (Lei 13.140/2015) e da Resolução 125/2010 do CNJ nos permite ampliar os horizontes e esperar numa solução para um problema tão grave quanto este. Abriram-se as portas inclusive para o uso de métodos "adequados" para a resolução consensual de conflitos, isto é, não existindo um rol taxativo para tanto.

2 Resolução consensual de conflitos: um caminho sem volta

O Código de Processo Civil de 2015 foi um marco importantíssimo no Direito Processual graças à valorização dos métodos adequados para a resolução consensual de conflitos, isto é, outras maneiras pelas quais as partes podem buscar uma solução para o litígio em que estão envolvidas.

O principal escopo da jurisdição estatal é a pacificação social, a afirmação do poder do Estado, assim como a aplicação do direito ao caso concreto.

Conforme o art. 3º, §§2º e 3º, do CPC/2015 os equivalentes jurisdicionais conciliação e mediação, além de outros métodos de solução consensual de conflitos devem ser promovidos pelo Estado, sempre que possível e fomentados por juízes, advogados, defensores públicos e membros do Ministério Público, mesmo durante o processo judicial, pois produzem o mesmo efeito prático que a jurisdição estatal.

Fernanda Tartuce afirma neste sentido que:

> O aporte da mediação à composição de conflitos em nosso sistema

processual há de proporcionar não apenas uma diminuição nas causas em trâmite no Poder Judiciário, mas principalmente melhor abordagem dos conflitos verificados no tecido social com grande aptidão à sua composição efetiva, justa e solidária". (TARTUCE,2018 apud VITAL SOURCE,2018)

Percebe-se, deste modo, que o Estado não possui monopólio das soluções de conflitos unicamente por meio de sua jurisdição mas, visando o bem comum, abre suas portas para novos métodos que possam solucionar os litígios de forma mais célere e qualitativa, visto que a abordagem utilizada para um conflito nem sempre será a mais adequada para os demais.

Para viabilizar a realização das formas consensuais de conflito supracitadas, o Código de Processo Civil nos traz disposições principiológicas e, mais adiante, uma estrutura organizada e um procedimento muito bem delineado e racional.

Dentre os equivalentes jurisdicionais a autocomposição é uma forma consensual de conflitos, à diferença da autotutela que é vedada pela ordem jurídica instituída pelo Estado de Direito, pois não se baseia na imposição da vontade da parte vencedora com o consequente sacrifício integral do interesse da outra, mas é fundamentada na vontade de ambas as partes. Vale-se, portanto, da autonomia da vontade, princípio de extrema importância neste âmbito.

São espécies da autocomposição a transação, a renúncia e a submissão, podendo concretizar-se também em processo judicial, daí deriva sua natureza híbrida, pois substancialmente o conflito é solucionado por meio de autocomposição, mas formalmente, em razão de decisão judicial homologatória, afirmando o exercício da jurisdição.

Há três diferenças importantes entre as duas modalidades de solução não contenciosa de conflitos. A primeira característica que contra distingue a mediação da conciliação reside no fato que, a primeira, conforme o §3° do art. 165/CPC, não contempla a possibilidade de sacrifício integral ou parcial de interesses, mas a solução do conflito na busca de "benefícios mútuos", concentrando-se em suas causas e não na controvérsia em si, como ocorre na conciliação.

A segunda diferença é que na conciliação, há a presença de um terceiro, o conciliador, que funcionará como intermediário entre as partes sugerindo-lhes soluções para o litígio, já na mediação as partes chegam a um acordo por induzimento advindo do mediador, mas, neste caso, não há sugestão de solução por parte deste.

E, por fim, a terceira está consagrada nos §§ 2° e 3° do CPC/2015 e versa sobre as espécies de litígios abrangidas pelas duas modalidades. Sendo assim a conciliação se adequa a conflitos onde não haja vínculo anterior entre as partes. Em sentido contrário o mediador atuará preferencialmente em casos em que haja um vínculo anterior e se trate de relações contínuas, como por exemplo na seara da família, vizinhança e em sociedades.

Assim a autora Fernanda Tartuce define a Mediação:

> Método que consiste na atividade de facilitar a comunicação entre as partes para propiciar que estas próprias possam, ao entender melhor os meandros da situação controvertida, protagonizar uma solução consensual. É espécie do gênero autocomposição, sendo ainda considerada um 'meio alternativo de solução de conflitos' ou equivalente jurisdicional. Para alguns estudiosos, identifica-se com a conciliação, que também busca o estabelecimento de um consenso. Todavia, as técnicas divergem pela atitude do terceiro facilitador do diálogo, que na mediação não deve sugerir termos para o acordo e pode, na conciliação, adotar conduta mais ativa e influenciadora do ajuste final. (TARTUCE,2018 apud VITAL SOURCE,2018)

É perceptível a importância deste meio de autocomposição e equivalente jurisdicional, pois possibilita uma melhor compreensão da situação controvertida e facilita a comunicação entre as partes, empoderando-as, haja vista serem protagonistas da decisão, diferentemente do que ocorre através da sentença estatal, onde o magistrado é o único a ter poder decisório.

2.1 Princípios norteadores dos métodos consensuais de conflitos

Ainda que os métodos de resolução consensual de conflitos sejam institutos diferentes entre si, existe uma congruência a respeito da técnica da conciliação e da mediação e se trata dos princípios que as norteiam.

Estes princípios são previstos no art. 166 do Código de Processo Civil de 2015 e no anexo III da Resolução 125 de 2010 do CNJ.

Observando o princípio da independência os profissionais supracitados têm o dever e o direito de atuar de forma independente, sem que haja pressão interna ou externa. Porém faz-se mister observar que este princípio permite ao mediador ou ao conciliador de se eximir de operar em prol de uma solução ilegal pela prevalência da norma cogente e da eficácia da solução do conflito contra a vontade das partes.

A postura do mediador garante outrossim imparcialidade em seu exercício, agindo na ausência de favoritismos, preconceitos e objetivando propor a solução do conflito sem vantagens indevidas entre as partes, sendo aplicadas as mesmas hipóteses de impedimento e suspeição do juiz.

Um dos princípios que alicerçam as formas consensuais de conflitos é a autonomia da vontade, não podendo ser viciada sob pena de nulidade, pois não há como falar de resolução consensual de conflitos se esta não é oriunda da vontade das partes.

Conciliadores e mediadores se submetem ao princípio da confidencialidade, aumentando as chances da obtenção da solução consensual, pois assim como os membros da sua equipe, estes não poderão divulgar nem fornecer dados ou informações produzidos durante o procedimento, salvo para efeitos da própria deliberação.

Para promover a celeridade do processo, prestigiar pela informalidade dos atos e pela confidencialidade os profissionais fazem jus ao princípio da oralidade. Este princípio permite que a conclusão de tratativas ocorra de forma oral, isto é, mais célere e menos burocrática.

Não menos importante é o princípio da informalidade que permite aos conciliadores e mediadores de manterem uma postura informal, levando ao relaxamento, à descontração e à tranquilidade das partes e, claramente viabilizando as tratativas.

Conforme o art. 1°, II do Anexo III da Resolução 125/2010 CNJ, o princípio da decisão informada obriga o mediador e o conciliador a manterem o jurisdicionado informado sobre seus direitos e contexto no qual se encontra, prestando esclarecimentos fáticos e jurídicos, sem prejuízo da imparcialidade.

O conceito de isonomia entre as partes é um princípio exclusivo da mediação, diferentemente dos supracitados.

Conforme o entendimento de Daniel Amorim A. N. (2016) há duas formas de se interpretar a isonomia: uma no sentido material, proposta pelo art.2°, II, da Lei 13.140/15, onde ocorrerá a mediação apenas nos casos em que não haja hipossuficiência ou vulnerabilidade entre as partes; a segunda forma de interpretação é alicerçada na análise procedimental, isto é, mesmo que as partes não possuam isonomia material, devem ser tratadas igualmente, tendo as mesmas oportunidades de manifestação e participação equânime. Esta última parece ter uma postura mais idônea para com a amplitude pretendida da mediação como método adequado de resolução consensual de conflitos. A busca do consenso é o objetivo principal e não a caso o art. 2°, VI, da Lei 13.140/2015 prevê a busca do consenso como um dos pilares da mediação.

2.2 Mediação

Há diversos caminhos para abordar as controvérsias e ultimamente vem-se discutindo muito a propósito de métodos alternativos de resolução consensual de conflitos, mas é interessante dar o certo peso para estes institutos destacando que, com o advento da resolução n°125 do CNJ de 2010, não se faz mais referência a tais métodos como "alternativos" mas como métodos "adequados" de resolução consensual de conflitos.

Neste sentido a Resolução n°125 de 2010 do Conselho Nacional de Justiça sustenta que:

> Art. 1° Fica instituída a Política Judiciária Nacional de tratamento dos conflitos de interesses, tendente a assegurar a todos o direito à solução dos conflitos por meios adequados à sua natureza e peculiaridade. (BRASIL,2010).

A mediação atende sobretudo os reclamos dos conflitos de índole cível e é extremamente importante porque resgata a comunicação entre as partes, permitindo assim que estas sejam protagonistas e ajam ativamente para o desfecho do impasse em pauta. Se trata de um processo por meio do qual um terceiro tenta intervir no conflito, não propriamente para dar uma solução, mas para tentar facilitar o diálogo entre as partes para que as próprias entrem num acordo.

A história da "Laranja na mediação" proposta por Jesuíno facilita a compreensão do tema abordado:

> Um certo dia, dois irmãos brigam e discutem sobre quem vai ficar com a única laranja que tinha na casa. A mãe intervém e decide que a fruta será dividida em duas partes iguais – uma para cada filho. Ela acredita ter feito justiça. Um dos filhos pega a laranja, espreme o sumo e joga a casca no lixo. O outro descasca e rala a casca para fazer um delicioso bolo, jogando fora toda a polpa da laranja. Percebe que nenhum dos dois saiu satisfeito e houve um grande desperdício de recursos? Com a mediação, isso não teria acontecido. Ela permitiria que os filhos – envolvidos no conflito – pudessem

expor seus interesses e chegar em uma solução que agradaria a ambos. Mais do que isso, teriam combinado o futuro das "próximas laranjas" e aprendido técnicas para lidar com os futuros conflitos. (JESUÍNO, 1992 apud JUNTA EXPESSA DIGITAL, 2017)

A mediação, deste modo, tem como objetivo facilitar o diálogo entre as partes e restaurar a relação perdida anteriormente e fazer com que haja um ganha-ganha, onde ambas as partes saiam satisfeitas. A mediação é adequada para conflitos de relação continuada, como por exemplo na seara familiar. Fernanda Tartuce é clara quando nos diz que:

> A principal vantagem da mediação é o resgate da comunicação, iniciativa que permite a adoção de posturas protagonistas dos participantes em relação ao desfecho dos impasses. O estabelecimento do diálogo promovido pela mediação potencializa a obtenção de esclarecimentos, a elaboração de ajustes condizentes com a realidade dos envolvidos e o cumprimento voluntário dos pactos porventura celebrados. (TARTUCE, 2018 apud VITAL SOURCE, 2018)

Faz-se necessário atentar ao fato que se admite a mediação quando existe a disponibilidade do direito, ou, se este for indisponível, ele deverá ser transacionável.

2.2.1 Diferenças entre mediação extrajudicial e judicial

A mediação extrajudicial ou privada é buscada de forma espontânea pelas partes envolvidas em um conflito. Para chegarem a um consenso os interessados escolhem um mediador que pode ser qualquer pessoa de confiança das partes.

A mediação extrajudicial pode ser institucional, isto é, organizada por centros ou associações de mediação ou pode ser independente sendo conduzida por mediadores sem vínculo com qualquer entidade e escolhidos livremente pelas partes (BACELLAR, p. 210-211).

Neste sentido o art. 9.º da Lei n. 13.140/2015, afirma que poderá funcionar como mediador extrajudicial qualquer pessoa capaz que tenha a confiança das partes e seja capacitada para fazer mediação, independentemente de integrar qualquer tipo de conselho, entidade de classe ou associação, ou nele inscrever-se.

Tartuce (2018) afirma que têm três requisitos a serem observados para se exercer a função de mediador extrajudicial: a capacidade de direito que é elemento essencial objetivo oriundo das normas civis; a confiança das partes, elemento meramente subjetivo e dependente da vontade dos interessados e, por fim, a capacitação do mediador extrajudicial da qual não se há previsão expressa sobre seu teor ou qualquer exigência de vinculação a uma instituição.

Na I Jornada de Prevenção e Solução Extrajudicial de Conflitos do Conselho da Justiça Federal, no Enunciado nº 47, entendeu-se que:

> A menção à capacitação do mediador extrajudicial, prevista no art. 9.º da Lei n. 13.140/2015, indica que ele deve ter experiência, vocação, confiança dos envolvidos e aptidão para mediar, bem como conhecimento dos fundamentos da mediação, não bastando formação em outras áreas do saber que guardem relação com o mérito do conflito (BRASIL, 2016)

O papel que reveste o mediador privado é caracterizado pelo utilizo de técnicas de pacificação para facilitar o diálogo entre as partes, evidenciando esforços para encontrar a solução à controvérsia.

O contrato estipulado pelas partes na mediação extrajudicial contém, via de regra, prazos mínimos e máximos, local para realização da primeira reunião de mediação, contado a partir da data do recebimento do convite, e a penalidade que será aplicada no caso em que a parte convidada não comparecer.

A penalidade aplicada no caso de não comparecimento à primeira reunião é um ponto forte da lei de Mediação, pois dá um caráter coercitivo a uma medida tomada extrajudicialmente. Conforme a Lei 13.140/2015:

> Art. 22. A previsão contratual de mediação deverá conter, no mínimo:
>
> IV – o não comparecimento da parte convidada à primeira reunião de mediação acarretará a assunção por parte desta de cinquenta por cento das custas e honorários sucumbenciais caso venha a ser vencedora em procedimento arbitral ou judicial posterior, que envolva o escopo da mediação para a qual foi convidada. (BRASIL, 2015)

A Mediação Judicial foi objeto de regramento no CPC/15 e na Lei de Mediação em diversos dispositivos.

Na mediação judicial já é diferente pois o mediador que irá realizar as audiências será um profissional indicado pelo tribunal. Será designado pelo juiz, não estando condicionado a prévia aceitação das partes, a diferença da mediação extrajudicial.

2.3 Especificidade das ações de família

É possível constatar que o conflito familiar é o ambiente mais fértil para a utilização da mediação e o Código de Processo Civil (2015) possui um capítulo específico que regulamenta processos contenciosos de divórcio, separação, reconhecimento e extinção de união estável, guarda, visitação e filiação, segundo dispõe seu art. 693, incentivando de forma incontestável e significativa os meios de solução consensual de conflitos.

De acordo com o Enunciado 72 do Fórum Permanente de Processualistas Civis de 2015: "O rol do art.693 não é exaustivo, sendo aplicáveis os dispositivos previstos no Capítulo X a outras ações de caráter contencioso envolvendo o Direito de Família". (BRASIL, 2015)

O caput do art. 694 do CPC (2015) prevê outrossim, que nas ações de família devem ser empreendidos todos os esforços para que haja a mediação e a conciliação, prezando pela efetividade do processo e sobretudo pela resolução consensual das controvérsias, devendo o juiz ser auxiliado por profissionais de outras áreas de conhecimento para a mediação e para a conciliação.

Esta inovação promove um modelo multiportas no Direito de Família. Esta gama de profissionais que auxiliam o juiz é composta por psicólogos, pedagogos, assistentes sociais, dentre outros profissionais, atentando ao fato que o objetivo principal é justamente assistir ao juiz da forma mais adequada, estimulando e fomentando a autocomposição.

Na Mediação Familiar é notável a necessidade da interdisciplinaridade dentre o rol meramente exemplificativo de profissionais supracitados. O entendimento de Águida Arruda Barbosa a respeito é:

> A linguagem da interdisciplinaridade é a ferramenta da mediação familiar, qual seja, o espírito da mediação está nesta atitude de ampliar o olhar para além do litígio, apoiado no conhecimento vindo de outras ciências, acolhendo e incluindo a pluralidade de motivos

que deram origem ao conflito familiar. (BARBOSA, 2015, p. 88)

No Direito de Família o operador do direito deve levar em consideração que existem questões bem mais complexas do que as que são levadas a juízo, no que diz respeito a relação entre as partes.

Por este motivo é interessante que o profissional possua conhecimentos específicos além do direito, na psicologia ou em outras áreas para ajudar as partes na solução do conflito. Ocorre com frequência que os próprios advogados entrem em conflito entre si, produzindo o efeito contrário do que o diploma legal requer: a pacificação das partes, priorizando a autocomposição.

Deste modo, os profissionais atuantes nas relações de família devem haver uma formação que lhes permita exercer seu cargo da forma mais apropriada e eficiente, isto é, praticando a empatia, sabendo ouvir, intervir no momento certo, e trabalhar sentimentos como por exemplo culpa, ódio, raiva, amor e frustração, almejando a transformação destes sentimentos para que seja auferido um acordo.

É relevante destacar que a abordagem dos conflitos familiares ocorre de forma peculiar, pois cada caso é um caso único, com suas particularidades e singularidades.

O procedimento especial das ações de família segue um viés que impulsiona a autocomposição e a resolução consensual dos conflitos, sobretudo em alguns pontos específicos.

O Código de Processo Civil de 2015 literalmente obriga a realização da audiência de mediação e conciliação, diferentemente do que ocorre em outros casos, não deixando margem à vontade das partes, relativo ao procedimento comum. O silêncio ou o não comparecimento à audiência acarretará a multa prevista no art. 334, §8°.

Neste caso o claro objetivo do legislador foi aumentar a possibilidade de diálogo, de acordo entre as partes, sendo assim, surge outra novidade no §1° do art. 695, isto é, que o mandado de citação não conterá mais a cópia da petição inicial mas apenas os dados necessários à audiência, permanecendo facultado ao réu o exame dos autos em cartório ou por meio eletrônico.

Este fato gera muita controvérsia na doutrina, pois segundo

alguns autores como Daniel Amorim Assumpção Neves (2016), este novo procedimento dificulta ainda mais o acordo entre as partes, pois fere um dos princípios fundamentais da mediação: o princípio da ampla ciência das pretensões e resistências.

Outra mudança importante trata da citação que ocorrerá com antecedência mínima de 15 dias da audiência, conforme art. 695 §2°, deste modo a parte poderá se preparar adequadamente para constituir advogado e viabilizar a solução consensual de conflitos. Este prazo é importante porque as partes terão o tempo suficiente para amadurecerem suas ideias até a data da audiência de conciliação e mediação previamente fixada.

Ademais a Lei 13.140 (2015) exige no §4° do art. 695 que as partes sejam acompanhadas pelos respectivos advogados, haja vista a sua indispensabilidade à administração da Justiça art.133 da Constituição da República, caso contrário será imprescindível a presença do defensor público, pois há preocupação por parte do legislador em relação a assistência qualificada das partes e a observância do princípio da isonomia.

No caso em que não haja autocomposição, o processo observará o procedimento comum, iniciando-se o prazo para a contestação.

A participação do Ministério Público, prevista no art.698/CPC é limitada, pois atua como fiscal da ordem jurídica conforme certos requisitos e em casos específicos: quando se trata de incapaz este deve atuar em todos os casos e deverá participar desde o início e durante todo o procedimento, em se tratando de processo de família ou não; e em todos os outros casos será ouvido apenas quando houver pedido de homologação de acordo e não mais como fiscal da ordem jurídica. A correta interpretação do que se extrai do art. 180, §1° do CPC é de extrema importância, pois não ocorre a nulidade do processo se o representante do *Parquet* não se manifesta, mas é *conditio sine qua non* para tanto o ato da intimação do Ministério Público. Deste modo, ocorrendo a intimação do representante do MP, este decidirá se é necessário se manifestar no processo e, caso decida não o fazer, cabe ao juiz requisitar os autos e dar andamento ao processo.

É clara a intenção do legislador de impulsionar a solução consensual de conflitos pois permite às partes requererem a qualquer momento a suspensão do processo quando o intuito destas é de se submeterem à mediação extrajudicial ou ao atendimento multidisciplinar. Deve-se observar, porém, que o prazo para a autocomposição, nos termos do art.313, §4°/CPC, não pode ser superior a seis meses.

Outrossim é permitido que a audiência de conciliação e mediação seja dividida em quantas sessões forem necessárias para facilitar a solução consensual, sem prejuízo de providências jurisdicionais para evitar a decadência do direito, em consonância com o art. 696/CPC. (MOUZALAS; NETO; MADRUGA, 2018)

2.3.1 Direitos fundamentais e mediação no Direito de Família

O Direito de Família e a mediação estão intrinsecamente conectados pelo princípio da dignidade humana, um dos fundamentos do Estado Democrático de Direito, inerente à República Federativa do Brasil, presente nos arts.1°, III e 3° da nossa Constituição Federal de 1988 que objetiva garantir as condições mínimas existenciais ao indivíduo. Estes direitos devem ser respeitados pela sociedade e pelo poder público, preservando e valorizando o ser humano enquanto tal, além de promover sua participação ativa corresponsável em sua própria vida e no convívio social.

Neste sentido Ingo Wolfgang Sarlet bem define a dignidade da pessoa humana:

> Temos por dignidade da pessoa humana a qualidade intrínseca e distintiva de cada ser humano que o faz merecedor do mesmo respeito e consideração por parte do Estado e da comunidade, implicando, neste sentido, um complexo de direitos e deveres fundamentais que assegurem a pessoa tanto contra todo e qualquer ato de cunho degradante e desumano, como venham a lhe garantir as condições existenciais mínimas para uma vida saudável, além de propiciar e promover sua participação ativa corresponsável nos destinos da própria existência e da vida em comunhão dos demais seres humanos. (SARLET, 2001, P.60)

Conforme o entendimento de Maria Berenice Dias (DIAS, 2006, p.60) o Direito de Família pode ser considerado o mais humano dos ramos jurídicos, afinal, trabalha valores personalíssimos e busca dar segurança e proteção à pessoa desde o seu nascimento, assegurando o respeito à sua dignidade.

Não restam dúvidas a respeito da sua inclinação humana, como bem define Fernanda Tartuce (2018) por se tratar de um tão peculiar ramo jurídico, em respeito à sua capacidade de autodeterminação, o indivíduo deve estar pronto para definir os rumos de seu destino, sabendo identificar o melhor para si sem necessitar da decisão impositiva de um terceiro, que não conhece detalhes da interação.

O entendimento de Maria Berenice Dias (2006, p.73) é que a sentença dificilmente consegue pacificar as partes nos conflitos familiares, pois devemos considerar a vantagem de uma solução consensual em relação a uma decisão impositiva de um terceiro, haja vista o envolvimento de vínculos afetivos e sentimentos confusos como de amor e ódio, não sendo apta a sentença judicial a responder aos anseios daqueles que buscam muito mais resgatar danos emocionais do que propriamente obter compensações econômicas.

Sendo assim a resolução dos conflitos familiares ocorre de forma consensual e, consequentemente, mais qualitativa quando são respeitados os direitos fundamentais, como por exemplo o da dignidade humana, pois o efeito pacificador almejado pelas partes não ocorre apenas por uma decisão judicial. Deve-se destacar que quando as partes são protagonistas na administração do conflito em pauta, estas o abordam de forma mais adequada por compreenderem as diversas facetas do impasse aumentando notavelmente as chances de resolução consensual e adesão aos termos preestabelecidos no acordo.

3 Constelações sistêmicas na resolução consensual de conflitos

Atualmente o Judiciário anda sobrecarregado com a massificação das demandas e é por este motivo que a estrutura multiportas, com uma abordagem multidisciplinar, auxilia nesta tarefa tão importante.

Dentre a formas de solução consensual de conflitos mais adequadas para o Direito de Família, se encontra a mediação que, como nos elucida Maria Berenice Dias:

> Vale lembrar que a mediação não é propriamente um substitutivo da via judicial, mas sim um instrumento complementar que opera para qualificar as decisões jurisdicionais e torná-las verdadeiramente eficazes. Por meio da atuação conjunta de diversas técnicas, será possível elaborar uma solução original apta a pôr fim ao litígio de forma sustentável. (DIAS, 2006, p. 74.)

Percebe-se a necessidade de meios colaborativos eficazes que auxiliem a Justiça a elaborar uma solução original apta a pôr fim ao litígio de forma sustentável, como supracitado e, por fim, a assegurar a razoável duração do processo e os meios que garantam a celeridade de sua tramitação, pois trata-se de um direito fundamental e deve ser respeitado, e está amparado em nossa Constituição Federal no art. 5°, incisos XXXV e LXXVIII: "XXXV - a lei não excluirá da apreciação do Poder Judiciário lesão ou ameaça a direito; [...] LXXVIII - a todos, no âmbito judicial e administrativo, são assegurados a razoável duração do processo e os meios que garantam a celeridade de sua tramitação". (BRASIL, 1998)

Houve uma considerável expansão do movimento de acesso à justiça não apenas após o advento da Carta Magna de 1988 mas sobretudo em seguida à vigência da Resolução 125/2010 do Conselho Nacional de Justiça, do Novo Código de Processo Civil de 2015 e da Lei de Mediação (Lei 13.140/2015).

A duração razoável do processo como elemento constitucional do acesso à justiça é o tema da obra escrita por Gabrielle Cristina Machado Abreu em que sintetiza:

> É necessário modernizar o Judiciário para que o sistema possa atender melhor às demandas da sociedade e facilitar o trabalho dos magistrados. (...)É preciso que tanto o intérprete como o cidadão tenham consciência não só dos direitos positivados na Constituição, mas que ambos sejam instrumento de luta de sua aplicabilidade, de sua eficácia, para que as normas e os direitos nela inscritos não sejam mera expressão formal, mas a representação de um direito vivo, concreto, verdadeiro. (ABREU,2008, p.127)

Ademais, o art. 226 da Constituição Federal de 1988 é claro no que diz respeito à família: "A família é a base da sociedade, tem especial proteção do Estado". (BRASIL,1988)

O entendimento de Pedro Lenza (2015) remete ao conceito de família destacando que este foi ampliado com o advento da Constituição de 1988, haja vista o reconhecimento como entidade familiar o da união estável, a família monoparental, a família socioafetiva, a família homoafetiva, dentre outras, priorizando-se portanto o princípio fundamental e primordial do ordenamento jurídico brasileiro, isto é, o princípio da dignidade humana, com particular destaque para a função social da família.

Em se tratando da função social da família Cristiano Sobral

(2017) destaca que o Estado dispensa tutela especial à família, pois na entidade familiar encontra-se o meio mais propício para a sua consolidação e desenvolvimento. Sua atuação na efetiva tutela das famílias ocorre através de múltiplas representações. No seio familiar residem valores como afeto, solidariedade, confiança, respeito mútuo, colaboração e união. O desenvolvimento e potencialização de cada membro familiar ocorre exatamente no firmamento de valores morais, éticos e sociais. Deste modo podemos deduzir que o ser humano e membro familiar, deve sim ser reconhecido em sua individualidade, mas devendo ser observado e valorado em seu aspecto social, pois a família é o alicerce e núcleo desta integração social.

No momento em que se enxergar a família como um sistema, se perceberá que cada membro influência diretamente na saúde e em sua integridade. O juiz de Direito da Bahia Sami Storch, pioneiro no utilizo da abordagem sistêmica das Constelações Familiares no judiciário brasileiro, afirma que: "A proposta, aqui, é utilizar as leis e o direito como mecanismo de tratamento das questões geradoras de conflito, visando à saúde do sistema "doente", como um todo". (STORCH, 2010)

Outrossim Storch (2010) afirma que a abordagem sistêmica do direito propõe a aplicação prática da ciência jurídica como um viés terapêutico, desde a etapa de elaboração das leis até a sua aplicação nos casos concretos, visando, como já mencionado à saúde do sistema "doente".

Está previsto no art. 196 da Constituição Federal que: "Art.196 A saúde é direito de todos e dever do Estado, garantido mediante políticas sociais e econômicas que visem à redução do risco de doença e de outros agravos e ao acesso universal e igualitário às ações e serviços para sua promoção, proteção e recuperação". (BRASIL, 1988)

Através do auxílio e da colaboração multidisciplinar de psicólogos, psicoterapeutas, dentre outros profissionais por meio de métodos adequados para a resolução consensual de conflitos, como previsto na Resolução 125/2010 do CNJ, é possível tratar o sistema como um todo, visando à harmonia e promovendo a saúde do sistema familiar como meio de obtenção da paz social, pois harmonizando e sanando as relações familiares, consequentemente a sociedade inteira será beneficiada.

3.1 Constelações sistêmicas familiares

A terapia da Constelação Sistêmica Familiar, foi introduzida no dia 21 de março de 2018 dentre as novas práticas na Política Nacional de Práticas Integrativas e Complementares- PNPIC- pelo SUS (PORTARIA N° 702, 2018) e se apresenta como uma técnica altamente eficaz na resolução consensual de conflitos, sobretudo no que diz respeito às ações de família.

Sami Storch (2012) define a constelação familiar como uma abordagem sistêmica e fenomenológica:

> Trata-se de uma abordagem sistêmica e fenomenológica segundo a qual diversos tipos de problemas enfrentados por um indivíduo (como dificuldades de relacionamento, por exemplo), podem derivar de fatos graves ocorridos no passado não só do próprio indivíduo, mas também de gerações anteriores de sua família. (STORCH, 2012)

Esta técnica foi originada a priori por Ruth McCledon e Leslie Kladis, e aplicada por Thea Schönfelder já na década de 70 (HELLINGER, 2001, P. 272). Sucessivamente, aprimorada pelo alemão psicoterapeuta, teólogo e pedagogo Bert Hellinger com o auxílio de sua primeira esposa, Herta Hellinger. (PROCHNOW, 2016)

O psicoterapeuta alemão escreveu várias obras a respeito da constelação familiar, entre as quais a sua obra-prima Ordens do Amor (2001), onde encontramos a estruturação das leis sistêmicas: fundamento desta técnica.

Bert trabalhou durante 16 anos como membro de uma ordem missionária entre os Zulus na África do Sul, onde despertou a consciência da condição humana e obediência às forças da natureza. (HELLINGER, 2006, p.315)

Essa experiência extremamente importante na África e sua formação e atividade terapêutica envolvendo diversas técnicas como psicanálise freudiana, dinâmica de grupo, terapia primal, análise do script, hipnoterapia, gestalt-terapia, análise transacional e terapia familiar o levaram a aperfeiçoar esta abordagem sistêmica-fenomenológica que hoje é amplamente utilizada em diversos setores. (DA SILVA, 2016)

Neste enfoque, Schneider (2007) destaca que foi justamente a partir destas leis naturais e ancestrais descobertas por Hellinger, isto é, da descoberta das leis sistêmicas, que as constelações familiares se estruturaram como psicoterapia e, atualmente, possuem aplicabilidade em diferentes âmbitos de convivência social, como citado anteriormente.

Entender como estas leis funcionam é de extrema importância para se trabalhar em âmbito social, familiar, profissional e judicial. Pois a consciência de sua existência e a compreensão destas facilitam o convívio e a solução de problemas mesmo quando não se sabe sua origem.

A Portaria n°702 do Ministério da Saúde (BRASIL,2018) afirma que Hellinger defende a existência de um inconsciente familiar - além do inconsciente individual e do inconsciente coletivo - atuando em cada membro de uma família.

Para Hellinger (2006) entender os problemas, como pretende a tradicional psicoterapia, não significa resolvê-los. Para ele, os problemas são tentativas frustradas de amar e, ao conseguir localizar o equilíbrio entre o amor, encontra-se sua solução.

As leis naturais e sistêmicas descobertas após a observação fenomenológica, são descritas por Hellinger como "Ordens do Amor", pois como vimos, ao localizar o equilíbrio entre o amor é que se acham as soluções para diversos problemas humanos.

Estas leis que regem os sistemas familiares e os campos sistêmicos são três: a Lei da ordem, a Lei do Equilíbrio e a Lei do Pertencimento.

A Lei da Ordem ou Hierarquia é relacionada à ordem de chegada e está ligada ao direito de precedência, isto é, os que vêm antes têm autoridade sobre os que vêm depois; a Lei do Pertencimento ou do Vínculo, afirma que não pode haver exclusão de nenhum membro do sistema e, por fim, a Lei do Equilíbrio faz menção ao ato de dar e receber que se aplica à relações equivalentes, ou seja, entre casais, sócios e demais casos onde as pessoas estejam em posição de igualdade, exclui-se portanto aquela entre pais e filhos. (HELLINGER, 2001)

Ainda sobre o assunto o autor destaca que quando estas leis são violadas causam os tais emaranhamentos sistêmicos, os conflitos.

Neste sentido, as ações realizadas em consonância com essas leis permitem que a vida flua de forma equilibrada e harmônica, mas quando transgredidas, ocasionam perda de saúde, de vitalidade e dos bons relacionamentos, como vimos.

A ciência fenomenológica é um ótimo instrumento para a compreensão das Constelações Sistêmicas (INSTITUTO IPÊ ROXO, 2016). De fato, é através da observação dos fenômenos que ocorrem durante a vivência da constelação que o terapeuta e o interessado percebem os esquemas ocultos relacionados ao sistema.

Surge imediatamente um questionamento à respeito da credibilidade de tal terapia, mas, à diferença de quanto se pense, a ciência das Constelações Sistêmicas não se origina em algum credo, religião, misticismo ou magia.

A dinâmica das Constelações Sistêmicas Familiares se fundamenta na teoria dos campos mórficos, também chamados de campos sistêmicos e é amplamente comprovada pelas ciências e pesquisas atuais. (INSTITUTO IPÊ ROXO, 2016)

É justamente através destes campos sistêmicos que são transmitidas inconscientemente as informações entre as pessoas de um mesmo grupo familiar.

Edmunf Husserl (1859-1938) foi o teórico pioneiro da ciência fenomenológica, tendo afirmado que: "Ter uma atitude fenomenológica é ter um olhar sem vícios e juízos. É saber que perceber com os sentidos é o que 'parece' e não necessariamente o que 'é'". (HUSSERL, apud IPÊ ROXO)

Vale a pena salientar que o fulcro do trabalho realizado por Hellinger, de acordo com a abordagem fenomenológica, consiste em ver aquilo que é em oposição a uma aceitação cega daquilo que é dito ou pensado.

A prática da Constelação Sistêmica é bastante simples e, como bem definiu a Portaria do Ministério da Saúde 702/2018(BRASIL, 2018), se trata de uma técnica de representação espacial das relações familiares que permite identificar bloqueios emocionais de gerações ou membros da família.

Todo o aparato da Constelação ocorre como uma espécie de encenação do drama familiar. A dinâmica se inicia quando o indivíduo escolhe os representantes, dentre as pessoas presentes no local, e cada participante representa alguém envolvido no conflito. Os representantes são posicionados no ambiente conforme a imagem, ou seja, aquela fotografia mental, que o interessado tem de seu sistema.

Há início um fenômeno interessante em que os representantes começam a sentir sensações e emoções que não lhes pertencem, isto é, são geradas pelo campo sistêmico familiar de quem está constelando. Nesta ocasião os participantes começam a se movimentar, a adotar certas posturas, olhares e a sentir a necessidade de se aproximar ou se afastar de alguém.

Schneider (2007, p.75) afirma que o facilitador também se atenta à suas próprias reações, para assim refletir e tentar conciliar a dinâmica constelada. Braga (2009, p.278) sustenta que é assim que poderá estar revelada a dinâmica existente naquele sistema.

Prochnow (2016) diz que não sendo suficiente apenas a observação dos fenômenos, o constelador deverá efetuar alterações entre os representantes com o intuito de descobrir a configuração dos vínculos existentes para tentar promover a conciliação por meio das Leis Sistêmicas, também chamadas por Hellinger de Ordens do Amor. Por exemplo: se há algum membro excluído no sistema este deverá ser incluído; se há uma inversão de papéis na ordem hierárquica, deverá ser reestabelecida e, por fim, se não há equilíbrio entre o dar e receber amor entre os envolvidos, este deverá ser retomado. Para obter êxito na dinâmica o facilitador deve introduzir um processo de descoberta e solução a partir da repetição de diálogos de ligação, liberação e execução de gestos pelos representantes (SCHNEIDER,2007, p.82).

Esse processo fenomenológico permite ter uma visão mais clara de dinâmicas ocultas presentes no sistema seja ao facilitador que ao interessado, como por exemplo a presença de bloqueios emocionais pertencentes a algum membro familiar ou até advindo de outras gerações e Braga (BRAGA, 2009, p. 278) afirma que a exteriorização de sentimentos ocultados possibilita a consciência das desestabilizações sistêmicas, proporcionando mudanças.

Este é o motivo pelo qual a Constelação Familiar é um instrumento que empodera o indivíduo, pois permite identificar de forma consciente o que ocorre em seu sistema familiar.

Deste modo, abrem-se as portas para a resolução consensual dos conflitos segundo as Leis Sistêmicas de Hellinger, pois como descreve a Portaria n°702 do Ministério da Saúde:

> A constelação familiar é uma abordagem capaz de mostrar com simplicidade, profundidade e praticidade onde está a raiz, a origem, de um distúrbio de relacionamento, psicológico, psiquiátrico, financeiro e físico, levando o indivíduo a um outro nível de consciência em relação ao problema e mostrando uma solução prática e amorosa de pertencimento, respeito e equilíbrio. (BRASIL, 2018)

3.2 Constelações sistêmicas no Judiciário: o retrato de uma prática bem-sucedida

O juiz da Bahia, Sami Storch, afirma ter introduzido esta técnica no Judiciário em 2006, dando vida ao termo "Direito Sistêmico" por se tratar da aplicação de Leis Sistêmicas no Judiciário.

Storch começou a adotar a técnica por conta própria, haja vista a sua frustração em ter que proferir decisões judiciais que nem sempre traziam harmonia para as partes interessadas, pois eram amplamente descumpridas. (BBC BRASIL, 2018)

Destaca inclusive que em muitos casos a instrução processual tradicional tende a agravar o conflito e o distanciamento entre as partes, haja vista a necessidade de cada uma defender o seu direito combatendo o da outra parte ou mesmo atacando-a pessoalmente. (BBC BRASIL, 2018)

Fariello (2018) afirma em seu artigo perante o "CNJ Notícias" que é cada vez mais comum no Judiciário brasileiro o uso das Constelações Sistêmicas e que Unidades de Justiça em pelo menos 16 Estados e Distrito Federal já utilizam a técnica.

Os temas mais comuns abordados durante as Constelações no Judiciário dizem respeito à violência doméstica, guarda de filhos, adoção, abandono de menores e divórcio. Outrossim, os especialistas afirmam que é possível a abordagem sistêmica também em disputas empresariais e processos criminais.

A importância de sua aplicação na Vara de Família e Infanto-Juvenil reside justamente no que Sami Storch sustenta, isto é, que a Constelação Sistêmica Familiar vai muito além do processo, pois esta reconstitui vínculos.

A jornalista Fariello (2018) destaca que a primeira experiência do juiz com a Constelação Sistêmica no Judiciário ocorreu no município de Castro Alves, a 191 quilômetros de Salvador e, nas 90 (noventa) audiências realizadas, onde ao menos uma das partes participou, o índice de conciliação foi de 91% (noventa e um por cento).

Desde 2012 Sami Storch, conduz sessões coletivas de constelações familiares antes das audiências de conciliação na vara de Família.

Regularmente Storch reúne processos de casos semelhantes e antes de iniciar a dinâmica da Constelação ele faz uma meditação e, sucessivamente dirige palestras sobre Leis Sistêmicas. Trata por exemplo sobre a postura dos pais nas relações familiares, as consequências oriundas de certas atitudes no casamento, inclusive o que ocorre quando estas leis são violadas.

O juiz da Bahia afirma que houve uma mudança na postura dos advogados que participam às vivências, pois vem observando que inicialmente eles mantêm uma postura mais combativa e após a experiência com a Constelação, isto é, através de uma abordagem sistêmica do direito como meio para a resolução consensual de conflitos, muitos se tornam conciliadores e auxiliadores do Judiciário.

Conforme uma análise estatística efetuada pelo próprio juiz Sami Storch (2017) em sua atuação na Vara de Família, ele afirma que nas audiências realizadas com a presença de ambas as parte o índice de acordo foi de 100% (cem por cento), já nos processos em que apenas uma das partes participou da vivência o índice foi de 91% (noventa e um por cento) e, por fim, nos demais processos em que as partes não participaram da Constelação, o índice caiu para 73% (setenta e três por cento). (STORCH, 2016)

Ademais, sustenta que através da Constelação as pessoas que buscam soluções para os seus problemas no Judiciário, conseguem descobrir novos modos para solucioná-los por conta própria, de forma mais consistente e duradoura.

Ele constatou através de questionários aplicados às partes que haviam participado à dinâmica da Constelação que 77% (setenta e sete por cento) percebeu que houve uma melhora no diálogo com a respectiva parte no que diz respeito à guarda, pensão e visitas e que, dentre outras melhoras evidentes, 94,5% (noventa e quatro e meio por cento) declarou que houve progresso no relacionamento com os filhos. (STORCH, 2016)

Neste sentido, afirma que a raiva das pessoas geralmente encobre uma dor e que durante a vivência da Constelação o indivíduo consegue enxergar a dor do outro, além da própria e é exatamente neste momento que ocorre uma espécie de absolvição. No questionário supracitado 59% dos participantes às vivências de Constelação afirmaram ademais que estas ajudaram na obtenção de acordo firmado na audiência. (STORCH,2016)

Sami (2017) acredita que para a aplicação do Direito é importante o conhecimento das Ordens do Amor, assim chamadas por Hellinger, porque permite ao julgador ter uma visão mais ampla em relação às dinâmicas dos conflitos e da violência.

De fato, estas representam um instrumento muito eficaz, pois facilitam ao julgador e aos interessados adotarem, em cada caso, a postura mais adequada à pacificação das relações envolvidas. Deste modo, sua aplicação no Judiciário origina uma nova perspectiva do Direito, o Direito Sistêmico.

A pura instrução processual é nociva nos casos de família, afirma Storch (2017), porque mesmo depois de esgotadas todas as vias judiciais e prolatada a sentença, o conflito permanece e ocorre com frequência que em um segundo momento as partes proponham novas ações para discutir e rediscutir os mesmos fatos e outros que dizem respeito à mesma relação.

Neste sentido, a Constelação é um ótimo instrumento, como sustenta o juiz na entrevista dada à BBC Brasil, em São Paulo (2018):

> Um único casal em processo de divórcio conseguiu chegar a ter 25 ações tramitando na Justiça entre pedido de pensão alimentícia, partilha de bens e denúncia de violência doméstica. Eles não se olhavam nos olhos havia muito tempo. Com a constelação familiar na audiência, conseguimos que eles identificassem as origens do conflito e entrassem em um acordo que pôs fim a boa parte dos processos. (STORCH, 2018 apud BBC Brasil)

Atualmente o magistrado realiza sessões mensais de constelação na Comarca de Itabuna, onde convida pessoas envolvidas em dezenas das ações judiciais sob sua responsabilidade. É importante destacar que a participação das partes é facultativa e que, durante as vivências o magistrado coloca em evidência dois ou três casos, explorando aquelas dinâmicas familiares que podem estar por trás das disputas judiciais. (2018, BBC Brasil)

Cláudia Spagnuolo, juíza da 11º Vara de Família na região de Santo Amaro, em São Paulo, afirma na entrevista dada à BBC Brasil (2018), que há interesse em fazer algo para que a aplicação da Constelação se torne algo mais uniforme, para que, ao chegar às portas do judiciário o cidadão saiba que existe a técnica e que possa ver como é aplicada. A juíza está organizando um projeto-piloto e pretende implantar a técnica na Vara onde atua para "oxigenar o judiciário".

Em Goiás, por exemplo, o CNJ premiou em 2015 um projeto conduzido e idealizado pelo juiz Paulo César Alves das Neves da comarca de Goiânia, que usou as constelações em mediações judiciais, com índice de solução de cerca de 94% em disputas familiares. O juiz afirmou que desde a implantação do projeto, atendeu 256 (duzentos e cinquenta e seis) famílias e que a maioria estava envolvida em questões de divórcio, guarda, pensão e regulamentação de visitas. (CNJ, 2015)

Em 2016 o CNJ afirmou que a prática das Constelações Sistêmicas Familiares tem auxiliado muito as vítimas de violência no Mato Grosso. (CNJ, 2016)

Ademais, a juíza Lizandra dos Passos, relata em entrevista dada ao CNJ em 18 de maio de 2018 que o uso da terapia Constelação Familiar com casais envolvidos em agressão tem ajudado a reduzir os casos de violência doméstica no interior do Rio Grande do Sul.

Neste sentido a juíza Lizandra afirma: "Desde que a psicoterapia vem sendo usada nos casos de violência doméstica em Parobé, houve redução de 94% na reincidência das agressões entre homens e mulheres". (DOS PASSOS, 2018 apud CNJ, 2018)

Segundo Lizandra dos Passos, trata-se de uma mudança de cultura que busca reconciliar os universos feminino e masculino. (CNJ, 2018)

A juíza Vanessa Aufiero de São Vicente, em São Paulo afirma que desde 2016 utiliza a técnica das Constelações Sistêmicas na Vara de Família e consegue trabalhar com cerca de 50 famílias por mês. Ela sustenta que: "Trata-se de um esforço de alguns tribunais em serem não apenas aplicadores da lei, mas sim propagadores de uma cultura de paz". (AUFIERO, 2018 apud BBC Brasil)

O uso da ciência das Constelações Sistêmicas Familiares no judiciário está sendo muito proveitoso e eficaz, sobretudo nas varas de Infância e Juventude, Família e Criminal.

Faz-se mister observar que o Direito Sistêmico, isto é, a aplicação do direito segundo as Leis Sistêmicas utilizadas na Constelação possui um papel importante como instrumento da Justiça Restaurativa, pois permite propagar a cultura da paz, possibilitando ao cidadão um acesso qualitativo ao Judiciário, pois soluciona seus conflitos de forma célere, adequada e sustentável.

4 Considerações finais

O sistema judiciário brasileiro necessita de práticas que o auxiliem nas prestações jurisdicionais, para que o acesso à Justiça e sua celeridade sejam respeitados, haja vista se tratarem de direitos fundamentais amparados pela nossa Carta Magna de 1988.

Atualmente percebe-se um avanço sempre maior em relação ao sistema multiportas, permitindo ao cidadão o acesso à Justiça por diferentes meios e mecanismos.

Neste sentido, após o advento da Constituição Federal de 1988, também chamada de "Constituição Cidadã", do Código de Processo Civil de 2015, da Lei de Mediação (Lei 13.140/2015) e da Resolução n° 125/2010 do CNJ, abriram-se infinitas possibilidades para aquelas práticas que proporcionam tratamento adequado dos conflitos e que promovam o apaziguamento entre as partes.

Sami Storch, juiz de direito da Bahia e pioneiro na aplicação da Constelação Sistêmica Familiar de Bert Hellinger no judiciário pátrio, abriu as portas para um novo direito, o Direito Sistêmico, desde de 2012.

A eficácia desta técnica é evidente e notória, pois os resultados obtidos por Storch e por outros magistrados e auxiliares da Justiça em diversas regiões do Brasil foram surpreendentes. É uma confirmação de quanto valiosa seja esta nova visão sistêmica do direito.

O Direito Sistêmico, através do utilizo das Constelações

familiares e uma abordagem sistêmica e fenomenológica, busca a pacificação das partes, empoderando-as para que alcancem uma solução consensual dos conflitos da forma mais adequada e responsável possível.

É baseado em ordens superiores que regem as relações humanas. Estas ordens, também chamadas de Ordens do Amor ou Leis Sistêmicas, que fundamentam a ciência das Constelações Familiares, permitem ao profissional do Direito atuar em conformidade com princípio da equidade, visando harmonizar o abstrato e o rígido da norma jurídica com a realidade concreta, isto é, sendo um meio à serviço da vida humana e como tal se subordinando aos seus interesses, no limite do possível.

Outrossim, trata-se de um instrumento altamente eficaz como instituto auxiliar da mediação para a realização da Justiça Restaurativa, que objetiva a paz social. Devendo-se salientar que é bastante abrangente o leque de sua aplicação. Os principais temas abordados durante as vivências de Constelação no judiciário tratam de Direito de Família e Infância e Juventude como por exemplo: violência doméstica, guarda de filhos, adoção, abandono de menores e divórcio. O utilizo dessa abordagem sistêmica também é possível em disputas empresariais e processos criminais.

Após esta análise fica evidente que o Direito Sistêmico reveste um papel fundamental para o futuro do nosso Direito e para a nossa sociedade, pois contribui para que os operadores do direto possam se posicionar de modo a trazer maior paz às relações, resultando em conciliações verdadeiras e duradouras.

Referências

ABREU, Gabrielle Cristina Machado. *A duração razoável do processo como elemento constitutivo do acesso à justiça.* Florianópolis: Conceito Editorial, 2008. p. 127.

BARBOSA, Águida Arruda Mediação familiar interdisciplinar. São Paulo: Atlas, 2015

BRASIL. Código de Processo Civil. Lei 13.105/2015. Disponível em: <www.planalto.gov.br/ccivil_03/_ato2015-2018/2015/lei/l13105.htm >. Acesso em 11/04/2018.

_____. Constituição da República Federativa do Brasil. Disponível

em:
<http://www.planalto.gov.br/ccivil_03/constituicao/constituicaoc
ompilado.htm>. Acesso em 19/05/2018.

_____. Lei de Mediação. Lei 13.140/2015. Disponível em:
<www.planalto.gov.br/ccivil_03/_ato2015-
2018/2015/lei/l13140.htm>. Acesso em: 18/02/2018.

_____. Ministério da saúde. Secretaria de atenção à saúde.
Departamento de atenção Básica. Política nacional de práticas
integrativas e complementares no sus : atitude de ampliação de
acesso / Ministério da saúde. Secretaria de atenção à saúde.
Departamento de atenção Básica. – 2. ed. – Brasília : Ministério da
saúde, 2015.

_____. Portaria n°702, de 21 de março de 2018. Disponível em:
<http://www.cosemsrn.org.br/wp-
content/uploads/2018/04/portaria702-ok.pdf> Acesso em:
25/05/2018.

_____. I Jornada "Prevenção e solução extrajudicial de litígios".
Enunciado n° 47 de 22 e 23 de agosto de 2016. Disponível em:
<file:///C:/Users/NATHALIA%20E%20BELTRAO/Download
s/Enunciados%20Aprovados%20I%20JPS-revisado.pdf>. Acesso
em: 04/04/2018.

DA SILVA, Milena Patrícia. O que é Constelação Familiar?, de 26
de julho de 2016. Disponível em: <
http://direitofamiliar.com.br/voce-sabe-o-que-e-constelacao-
sistemica-familiar/ > Acesso em: 11/05/2018

DIAS, Maria Berenice. Manual de Direito das famílias. 3. ed. São
Paulo: RT, 2006.

FARIELLO, Luisa. Constelação Familiar: no firmamento da Justiça
em 16 Estados e no DF, de 04 de abril de 2018. Disponível em: <
http://cnj.jus.br/noticias/cnj/86434-constelacao-familiar-no-
firmamento-da-justica-em-16-estados-e-no-df>. Acesso em:
05/05/2018.

HELLINGER, Bert Ordens do Amor- Um guia para o trabalho com
Constelações Familiares, São Paulo: Ed. Cultrix, 2010.

HELLINGER, Bert; WEBER, Gunthard; BEAUMONT, Hunter A
Simetria Oculta do Amor- por que o amor faz os relacionamentos

darem certo, São Paulo: Ed. Cultrix, 2008.

IDOETA, Paula Adamo. Constelação familiar: técnica terapêutica é usada na Justiça para facilitar acordos e 'propagar cultura de paz. Disponível em: < http://www.bbc.com/portuguese/brasil-43204514?ocid=socialflow_facebook>. Acesso em: 18/03/18.

IPÊ ROXO- Instituto de Desenvolvimento Humano. A base da Constelação Sistêmica: a ciência fenomenológica. Disponível em: <https://iperoxo.com/2016/11/19/a-base-da-constelacao-sistemica-a-ciencia-fenomenologica/>. Acesso em: 31/05/18.

JESUÍNO, J. C. A Negociação: Estratégias e Tácticas, Lisboa: Texto Editora, 1992.

LENZA, Pedro. Direito constitucional esquematizado. Ed.19 ver. Atual. E ampl.- São Paulo: Saraiva, 2015.

MOUZALAS, Rinaldo. NETO, João Otávio Terceiro. MADRUGA, Eduardo. Processo Civil- volume único, Salvador: Ed. JusPodivm, 2018.

NEVES, Daniel Amorim Assumpção. Manual de Direito Processual Civil- volume único, Salvador: Editora JusPodivm, 2016.

OTONI, Luciana. Constelação familiar: solução para violência doméstica no Rio Grande do Sul em CNJ Notícias. Disponível em: < http://www.cnj.jus.br/noticias/cnj/86789-constelacao-familiar-solucao-para-violencia-domestica-no-rio-grande-do-sul >. Acesso em: 31/05/2018.

PROCHNOW, Camila Wilke. As constelações sistêmicas como método alternativo de resolução de conflitos no direito de família. Disponível em: <https://docobook.com/camila-wilke-prochnow.html>. Acesso em: 11/11/17.

SARLET, Ingo Wolfgang. **A eficácia dos direitos fundamentais**. 2. ed. Porto Alegre: Livraria do Advogado, 2001.

SCHNEIDER, J. R. A prática das constelações familiares. Patos de Minas, Atman, 2007. 112 p

SOBRAL, Cristiano. O princípio da função social da família. Disponível em: <http://blog.cristianosobral.com.br/o-principio-da-funcao-social-da-familia/ >. Acesso em: 24/05/2018.

STORCH, Sami. O que é o direito sistêmico?. Disponível em: <https://direitosistemico.wordpress.com/2010/11/29/o-que-e-direito-sistemico/>. Acesso em: 23/10/2017.

_____. Direito Sistêmico: a resolução de conflitos por meio da abordagem sistêmica fenomenológica das Constelações Familiares. Disponível em: <http://www5.tjba.jus.br/unicorp/imagens/entre_aspas_volume_cinco_versaodigital.pdf>. Acesso em: 23/10/2017.

TARTUCE, Fernanda. Mediação nos conflitos civis. 4. ed., rev., atual. e ampl. Rio de Janeiro: Forense; São Paulo: MÉTODO: 2018. Ebook disponível em: <https://online.vitalsource.com/#/books/9788530977337/cfi/6/2!/4/2/2@0:0.00>. Acesso em: 13/03/2018.

VAMOS CONCILIAR. **Entenda a diferença entre Mediação Judicial e Mediação Extrajudicial.** Artigo disponível em: <http://m.migalhas.com.br/quentes/257520/entenda-a-diferenca-entre-mediacao-judicial-e-extrajudicial>. Acesso em: 20/03/2018.

O NATIMORTO E O DIREITO AO NOME, NA TUTELA DA DIGNIDADE HUMANA

TÁSSIO JOSÉ PONCE DE LEON AGUIAR
WLADIMIR ALCIBÍADES MARINHO FALCÃO CUNHA

1 Notas introdutórias

Todos os dias, no Brasil, mães realizam partos que não terminam do modo esperado para um momento tão singular. Isso ocorre, porque, a cada mil nascimentos, 8,6 são de natimortos[10], bebês nascidos sem vida, após 28 semanas[11] ou mais de gestação. As estatísticas colocam o país na 78ª posição entre 195 Estados analisados, atrás de 15 nações latino-americanas e do Caribe, como Nicarágua, Colômbia e Venezuela.

Além das imensuráveis repercussões psicológicas e emocionais inerentes ao evento morte em si, ressalta-se que o Direito brasileiro não tem admitido, como regra interpretativa geral, o registro civil desses fetos, subjugando as famílias – que, na maioria dos casos, tanto desejaram sua chegada – a terem que efetuar um assento em livro próprio, entregando aos pais um documento que contém, em primeiro plano, a referência "natimorto", sem sequer constar o nome daquele que foi filho, ainda que por pouco tempo, no útero materno.

Em uma perspectiva do Direito Civil Constitucional, cuja fundação é a Constituição e a defesa inconteste de princípios como a dignidade humana, é certamente condenável negar essa possibilidade a tantas mães, haja vista que, mesmo em uma leitura literal do Código Civil, em seu artigo 2º, estão resguardados os

---

[10] Os dados provêm de um estudo realizado por pesquisadores da Universidade de Londres, divulgado na revista científica Lancet, no início de 2016. Disponível em: <http://www.bbc.com/portuguese/noticias/20-16/01/160118_natimortos_estudo_lancet_mdb>. Acesso em: 23 mai. 2018.

[11] Para a Secretaria de Vigilância em Saúde do Ministério da Saúde (Portaria nº 116/2009), o óbito fetal ocorre a partir de 20 semanas, ou se o feto tiver peso igual ou superior a 500 gramas e/ou estatura igual ou superior a 25 centímetros.

direitos do nascituro, desde a concepção. Por outro lado, a Lei de Registros Públicos (Lei nº 6.015/73) também não traz nenhuma vedação, entretanto, diante da lacuna, tem-se optado, em boa parte dos casos, pela impossibilidade de se conceder o nome ao natimorto, hipótese reforçada com veto da Presidência da República a projeto de lei, em 2015.

Nesse sentido, o artigo aqui proposto tem como objetivo analisar os dispositivos legais que tratam do tema, levantando, ao mesmo tempo, uma discussão com base nos posicionamentos favoráveis e contrários, de sorte a mostrar que o entendimento mais compatível com os valores civis, sociais e constitucionais tende a permitir a concessão do referido direito da personalidade, pois, desde os estágios iniciais do nascituro, não se trata mais de uma coisa, mas de uma vida humana, embora intrauterina.

2 Discussão

O fundamento primeiro da possibilidade de concessão do nome ao nascituro se alicerça no Código Civil de 2002, em cujo art. 2º se lê: "A personalidade civil da pessoa natural começa com o nascimento com vida; mas a lei põe a salvo, desde a concepção, os direitos do nascituro" (BRASIL, 2002).

No entanto, apesar de a literalidade do texto normativo resguardar, por si só, os direitos daqueles que ainda virão a nascer[12], como o nome, existe grande controvérsia quanto à possibilidade de serem, desde então, sujeitos de direitos, por não ter havido, ainda, a respiração extrauterina. Nesse sentido, duas teorias principais dividem a temática.

Para parte da doutrina, adepta da chamada corrente natalista, ainda considerada majoritária nos dias atuais, no Brasil, o nascituro tem mera expectativa de direitos, por não ser ainda pessoa propriamente dita, adquirindo-os somente ao nascer, retroagindo os fatos ocorridos durante a gestação. Por esse viés, entendem Sílvio Rodrigues, Caio Mário da Silva Pereira e Sílvio de Salvo Venosa.

Isso significa que aquele que ainda não nasceu tem negados os direitos da personalidade, entendidos como direitos essenciais ao

---

[12] Não se confunda nascituro com embrião. Nascituro é aquele que foi concebido, tem vida intrauterina, mas ainda não nasceu. O embrião, por sua vez, tem vida fora do útero, pois ainda se encontra nos estágios iniciais de seu desenvolvimento.

desenvolvimento da pessoa humana, em seu aspecto físico, intelectual e moral (TARTUCE, 2016). Nesse conceito, enquadram-se, por exemplo, a vida, os alimentos, o nome e a imagem, afinal, nos dizeres de Cristiano Chaves de Farias e Nelson Rosenvald (2016), os direitos da personalidade, não obstante constituírem uma noção fluida, em contínua evolução, compõem um conjunto de prerrogativas jurídicas reconhecidas à pessoa, sendo uma "garantia para a preservação de sua dignidade" (CHAVES; ROSENVALD, 2017, p. 184).

Diante da negativa inerente ao natalismo, pois, coloca-se um raciocínio bastante pontual: "Se o nascituro não tem personalidade, não é pessoa; desse modo, o nascituro seria uma coisa? A resposta acaba sendo positiva a partir da primeira constatação de que haveria apenas expectativa de direitos" (TARTUCE, 2016, p. 119). Essa é uma das maiores críticas feitas aos natalistas, uma vez que, por interpretarem o Código Civil por uma óptica literal, focam exclusivamente a primeira parte do art. 2º, ignorando a ressalva do legislador, ao final do mesmo dispositivo.

Todavia, para os filiados à corrente concepcionista, o nascituro é, sim, pessoa humana, tendo todos os direitos previstos em lei, visto que há vida. Defendem esse posicionamento autores como Flávio Tartuce, Maria Helena Diniz, Pablo Stolze, Cristiano Chaves de Farias e Nelson Rosenvald. O Superior Tribunal de Justiça brasileiro já tem, inclusive, diversos julgados reconhecendo o feto como detentor de direitos, tal como o fazem leis diversas, como a de Biossegurança (Lei nº 11.105/2005), em que se reconhece proteção até mesmo ao embrião, permitindo-se pesquisa científica apenas com aqueles considerados inviáveis (consoante confirmado na ADI nº 3510), ou a chamada Lei dos Alimentos Gravídicos (nº 11.804/2008), que disciplina os direitos a alimentos aos filhos em gestação.

Nesse universo, Maria Helena Diniz (2009) traz uma perspectiva peculiar e que resolve muitas dos pensamentos contrários à teoria concepcionista. A autora nota que a personalidade jurídica do nascituro é plena, desde a concepção, unicamente no que diz respeito aos direitos da personalidade, o que não ocorre quanto aos aspectos patrimoniais, que só são adquiridos ao nascer com vida. Assim dispõe:

Poder-se-ia até mesmo afirmar que, na vida intra-uterina, tem o nascituro (...) *personalidade jurídica formal*, no que atina aos direitos da personalidade (...), passando a ter a *personalidade jurídica material*, alcançando os direitos patrimoniais (...) e obrigacionais, que permaneciam em estado potencial, somente com o nascimento com vida (...). Se nascer com vida, adquire personalidade jurídica material, mas, se tal não ocorrer, nenhum direito patrimonial e obrigacional terá. Se alguém nascer morto, não terá personalidade jurídica material, mas a formal merece proteção jurídica no que diz respeito aos seus direitos da personalidade, como nome, imagem, sepultura, registro em livro próprio (...) (DINIZ, 2009, p. 35, grifo nosso).

Diante desse imbróglio hermenêutico, divergem os pesquisadores quanto ao sentido do art. 53 da Lei de Registros Públicos (n° 6.015/73), epicentro civilista da tutela do nome, conforme se passa a discutir no subtópico a seguir.

2.1 A LRP, o natimorto e o direito ao nome

A Lei de Registros Públicos (n° 6.015/73) é a norma específica que disciplina as diversas formas de registros civis, neles incluídos o de nascimento, o de óbito, o de casamento, entre outros. No que toca particularmente aos natimortos, foco deste trabalho, dispõe o art. 53, em seu *caput*, que: "No caso de ter a criança nascido morta ou no de ter morrido na ocasião do parto, será, não obstante, feito o assento com os elementos que couberem e com remissão ao do óbito". Acrescenta o §1°: "No caso de ter a criança nascido morta, será o registro feito no livro 'C Auxiliar', com os elementos que couberem" (BRASIL, 1973, grifo nosso). É da vagueza dessa última passagem que nasce a divergência doutrinária.

Vê-se que o legislador, em seu silêncio, não proibiu, mas também não regulou a possibilidade de atribuição do nome à criança cuja vida não se perfez fora do útero materno, fazendo vaga menção "aos elementos que couberem". A questão fica à mercê da interpretação, na maior parte dos casos, dos cartorários e dos órgãos judiciários, como as Corregedorias de Justiça estaduais, optando, em muitos casos, por não permitir a referência ao nome do nascituro, no entendimento de que nunca houve personalidade jurídica no indivíduo cuja vida se esvaiu. A certidão, em consequência, traz apenas termos coisificantes, como "natimorto de [nome da mãe]" e "óbito fetal", naquele que será o único documento civil – referente àquele ser de existência efêmera – a acompanhar as famílias dali em diante[13].

Não prevê o nome ao natimorto, por exemplo, o Estado de Santa Catarina. A Corregedoria-Geral de Justiça, em seu Código de Normas, afirma, no art. 535, que "O índice do Livro C Auxiliar será organizado pelo nome do pai ou da mãe", sem qualquer outra menção relativa aos nascidos mortos. O mesmo acontece no âmbito do Paraná, em cujo Código de Normas da Corregedoria da Justiça se lê, no parágrafo único do art. 97, que "O índice do Livro 'C – Auxiliar' – Natimorto – será organizado pelo nome dos genitores".

A repercussão advinda dessa percepção jurídica se reflete na práxis cotidiana, pois tais códigos são de observância cogente por parte de magistrados, servidores, cartorários e demais profissionais, servindo ao propósito de sistematizar e unificar a aplicação do registro de pessoas naturais nas respectivas unidades federativas. Breve pesquisa confirma a situação descrita: em um portal *online* de um cartório paranaense, na aba de informações acerca dos préstimos ofertados ao público, observa-se o cumprimento da determinação normativa, com a justificativa de que, no registro, "não consta o nome da criança, uma vez que a mesma já nasceu sem vida"[14].

O desembargador Jônes Figueiredo Alves (2013), referência na área, menciona que o assunto vem sendo debatido desde antes da vigência do novo Código Civil (10 de janeiro de 2003, pois houve um ano de *vacatio legis*). Em ocasião da I Jornada de Direito Civil, promovida pelo Centro de Estudos Judiciários do Conselho da Justiça Federal, em setembro de 2002, aprovou-se o Enunciado nº 1, que afirma que "a proteção que o Código defere ao nascituro alcança o natimorto no que concerne aos direitos da personalidade, tais como: nome, imagem e sepultura".

Embora tais jornadas não tenham conteúdo vinculante, por não serem fontes formais do Direito, oferecem incomensurável serviço público, pois são eventos em que se reúnem civilistas de todo o país

---

[13] Note-se que há diferença no tratamento do bebê que nasce, respira, ainda que brevemente, mas morre em seguida. Nesse caso, conforme indica a LRP, no art. 53, §2º, "(...) serão feitos os dois assentos, o de nascimento e o de óbito, com os elementos cabíveis e com remissões recíprocas". Assim, realizam-se os registros relativos à vida e à morte.

[14] Conforme se observa em: <http://www.cartorioarioncavalheiro.com.br/obt_natimorto.php>. Acesso em: 08 ago. 2018.

e se travam profundas discussões, resultando, muitas vezes, em proposições com fins práticos, isto é, voltadas a auxiliar os operadores do Direito. No caso específico, aqui debatido, não há dúvidas de que se trata do posicionamento mais condizente com os valores constitucionais e com os princípios encartados no diploma privatista nacional.

Tal percepção acerca do direito ao nome, por parte do nascituro, já é realidade em São Paulo, mas por força de norma administrativa. Diferentemente do que ocorre em Santa Catarina e no Paraná, após alteração promovida em 2012, via provimento interno, as Normas de Serviço da Corregedoria Geral da Justiça (as extrajudiciais, destinadas aos cartórios) passaram a prever que "Em caso de natimorto, facultado o direito de atribuição de nome, o registro será efetuado no livro 'C-Auxiliar' (...)" (Tomo II, Capítulo XVII, Seção III, item 32, grifo nosso). A importância é inconteste, pois é um parâmetro a ser respeitado pelos registradores civis, na unidade da Federação de maior população nacional, onde, segundo estimativas, são registrados cerca de cinco mil natimortos por ano[15].

Acompanhando a alteração paulista, a Associação dos Registradores de Pessoas Naturais do Estado de São Paulo (Arpen-SP) passou a apontar na mesma direção, aprovando, em abril de 2013, entre seus 44 primeiros enunciados doutrinários, o de nº 3, cuja redação assevera: "A atribuição de nome ao natimorto é facultativa, mas, uma vez registrado o nome, não será possível registrar outro filho como o mesmo prenome, devendo ser usado então duplo prenome ou nome completo diverso". Além de ratificar disposição da Justiça e de garantir ao natimorto um direito básico, ficam reguladas, portanto, a dinâmica, a burocracia e as formalidades em torno da temática.

Igual percepção adota o Estado da Paraíba. No art. 620 do Código de Normas Judicial e Extrajudicial da Corregedoria-Geral do Tribunal de Justiça, de 26 de janeiro de 2015, profere-se: "O registro de natimortos será feito no Livro 'C – Auxiliar' e conterá, no que couber, os elementos de registro do nascimento e do óbito,

---

[15] A informação foi levantada pela Associação dos Registradores de Pessoas Naturais do Estado de São Paulo (Arpen-SP), após análise das estatísticas do registro público. Disponível em: <https://www.gazetadopovo.com.br/vida-e-cidadania/norma-permite-o-registro-do-nome-de-natimortos-no-estado-de-sp-f2vom1hi6w6bh5vwidssxzefv> Acesso em: 08 ago. 2018.

facultando-se aos pais dar nome ao natimorto" (grifo nosso).

O mesmo ocorre em Minas Gerais, em cujo art. 537, de seu Código de Normas, tem-se que "o registro de natimortos será feito no Livro 'C – Auxiliar' e conterá, no que couber, os elementos de registro do nascimento e do óbito, facultando-se aos pais dar nome ao natimorto", permitindo-se ainda a busca, em se desejando, também pelo nome dos pais (art. 428, §2º).

Ressalta-se, por fim, Pernambuco, que, desde 2014, por meio do Provimento CGE/PE nº 12/2014, traz, em seu Código de Normas da Corregedoria, no art. 634, parágrafo único, que "o Oficial deverá consignar no assento de óbito do natimorto o prenome e sobrenome, sempre que for solicitado pelo declarante".

Vê-se, portanto, que, embora se trate de normas extrajudiciais, dentro da seara administrativa (e não legislativa), válidas em cada um dos Estados que as editam, são diretrizes que caminham para o entendimento do Direito como uma construção em sintonia com os valores e princípios fundadores da ordem social, como a dignidade humana (art. 1º, III, Constituição Federal). Há que se especificar, por conseguinte, a que se refere esse termo, por vezes usado em amplitudes estratosféricas, o que se fará no subtópico a seguir.

2.2 Diálogos sobre a dignidade

Para o ilustre constitucionalista Uadi Lammêgo Bulos (2017), a dignidade humana "agrega em torno de si a unanimidade dos direitos e garantias fundamentais do homem" (p. 513). Nesse diapasão, "quando o Texto Maior proclama a dignidade da pessoa humana, está consagrando um imperativo de justiça social, um *valor constitucional supremo*. Por isso, o primado consubstancia o espaço de integridade moral do ser humano, independentemente de credo, raça, cor, origem ou *status* social" (BULOS, 2017, p. 513, grifos do autor).

Por ser dotado de caráter individual, mas também coletivo, político, social, de proteção à vida, aos direitos metaindividuais, econômicos, culturais etc., contra quaisquer tipos de preconceitos, ignorância ou opressão, esse preceito deve ser observado, a todo tempo, pelo operador do Direito brasileiro, conforme descreve Bulos:

A dignidade da pessoa humana, enquanto vetor determinante da atividade exegética da Constituição de 1988, consigna um *sobreprincípio*, ombreando os demais pórticos constitucionais (...). Sua observância é, pois, obrigatória para a exegese de qualquer norma constitucional, devido à força centrípeta que possui. Assim, a dignidade da pessoa humana é o carro-chefe dos direitos fundamentais na Constituição de 1988 (BULOS, 2017, p. 513, grifo nosso).

O nome, nesse sentido, já foi reconhecido pelo Supremo Tribunal Federal como parte integrante da dignidade da pessoa humana. No RE 248.869, ainda que discorrendo sobre investigação de paternidade, o Relator, Ministro Maurício Corrêa, foi irretocavelmente preciso, ao afirmar que o nome "traduz a identidade da pessoa, a origem de sua ancestralidade, enfim é o reconhecimento da família, base de nossa sociedade" (STF, RE 248.269, Rel. Min. Maurício Corrêa, DJ de 19-03-2004).

Seguindo a mesma ponderação, ao se admitir ter existido, durante um breve período, uma personalidade formal (nos termos da teoria concepcionista de Maria Helena Diniz), naquele que não chegou a nascer com vida, tem-se um encadeamento lógico que plenamente justifica a possibilidade de concessão do nome, afinal, não há dúvidas de que se trata, biologicamente, de um ser humano, que, como todos os demais, deve ter sua dignidade respeitada e protegida em todos os seus aspectos, incluindo-se – repita-se – o nome. Acata-se, sobretudo, a parte final do art. 2º do Código Civil (os direitos do nascituro).

Por outro lado, sendo a família um pilar social, conforme art. 226, CF/88[16], mister se faz reconhecê-la e tutelá-la. Existindo o desejo dos pais em atribuir pré-nome e patronímico àquele que já era tratado como um filho por vir, não se percebe como normativamente possível desrespeitar tal intento e reduzir o natimorto a uma "coisa" que sucumbiu à própria sorte. Negar essa situação fática corresponde a deslegitimar a entidade familiar e a ignorar que, antes de fenecer, o feto era produto da concepção, uma materialidade concreta, fruto da descendência e, ao mesmo tempo, um indivíduo que faz parte, mesmo antes do nascimento, da história daquele clã.

---

[16] Diz o caput do art. 226: "A família, base da sociedade, tem especial proteção do Estado".

No raciocínio do então Ministro Maurício Corrêa, no RE 248.269, com referência prévia neste subtópico, "o patronímico não pertence apenas ao pai, senão à entidade familiar como um todo, o que aponta para a natureza indisponível do direito em debate" (p. 780). Assim, pode-se afirmar, com convicção, que o nome não é apenas do nascituro ou do natimorto, mas também um direito subjetivo da família, que pode, até mesmo, ser composta por um único membro, como a mãe gestante[17].

Ao se inviabilizar a concessão buscada, ataca-se não somente a dignidade daquele que não nasceu, ao equipará-lo a algo sem valor porque não viveu, mas também a dos genitores, ao atingir um conjunto de expectativas e sentimentos integrantes de sua personalidade, além do direito ao planejamento familiar, tão bem frisado como livre e inviolável, na inteligência do §7º, art. 226, CF[18]. Isso porque, no âmbito da responsabilidade civil, para existir o dano moral em sentido estrito (contra a dignidade humana), desnecessário se faz qualquer exteriorização de dor ou sofrimento por parte da vítima.

Nas palavras do desembargador Sérgio Cavalieri Filho (2014), trata-se das hipóteses de dano *in re ipsa*, oriundos da própria natureza objetiva da conduta, independentemente dos efeitos gerados ou da consciência da vítima, já que aflição, tristeza e martírio, por exemplo, são apenas consequências da ação que, sozinha, já desrespeita um dos valores primordiais do ordenamento jurídico brasileiro. "(...) O dano moral não pode ser visto somente como de ordem puramente psíquica (...), pois, na atual ordem jurídico-constitucional, *a dignidade é o fundamento central dos direitos humanos, devendo ser protegida e, quando*

---

[17] Conforme explica Sandri (2014), a Constituição de 1988 trouxe grandes inovações ao ordenamento jurídico brasileiro, pois, além de reconhecer a união estável como entidade familiar, também o fez em relação à chamada família monoparental, havida entre quaisquer dos pais e seus descendentes. Por outro lado, o Superior Tribunal de Justiça também já admite a chamada família unipessoal, composta por apenas uma pessoa, que mora sozinha por opção (seja por ser viúva, solteira, separada etc.). Avalie-se a Súmula nº 364, do STJ, que lhe assegura proteção: "O conceito de impenhorabilidade de bem de família abrange também o imóvel pertencente a pessoas solteiras, separadas e viúvas".

[18] Art. 226, §7º: "Fundado nos princípios da dignidade da pessoa humana e da paternidade responsável, o planejamento familiar é livre decisão do casal, competindo ao Estado propiciar recursos educacionais e científicos para o exercício desse direito, vedada qualquer forma coercitiva por parte de instituições oficiais ou privadas" (BRASIL, 1988).

violada, sujeita à devida reparação" (CAVALIERI FILHO, 2014, p. 108, grifos do autor). Evidente, pois, a aplicação desse parecer ao caso concreto.

2.3 Veto do presidente

Não obstante se vejam avanços no sentido do reconhecimento do direito ao nome ao natimorto, em contextos estaduais específicos, como se discutiu outrora, o país não parece estar próximo de chegar a um consenso, sobretudo após o veto do então presidente da República em exercício, Michel Temer, ao Projeto de Lei nº 88/2013 (na Câmara dos Deputados, sob o nº 5.171/2013), conforme publicado no Diário Oficial da União (DOU) de 1º de julho de 2015 (Seção 1, p. 07).

O PL, de autoria do deputado Ângelo Agnolin (PDT/TO), propunha alterar a redação do anteriormente referido §1º do art. 53 da Lei de Registros Públicos, para que nele se lesse: "No caso de ter a criança nascido morta, será o registro feito no livro 'C Auxiliar', com os elementos que couberem, inclusive o nome e o prenome que lhe forem postos" (grifo nosso).

Em sua justificativa, Agnolin justificava a pretensão de corrigir a lacuna existente na LRP, a qual causa "constrangimento e angústia aos pais de crianças natimortas (nascidas mortas)", invocando o "direito de dar um nome e um sobrenome a esta criança, por ocasião de seu registro próprio, como decorrência dos direitos da personalidade, que lhe devem ser reconhecidos e respeitados" (BRASIL, 2013, p. 3). Ponderava que, em virtude de a concessão do nome ficar adstrita aos Estados que já preveem essa possibilidade, existia a "necessidade urgente de federalizar essa concepção de personalidade" (p. 3), eliminando a fragmentação latente.

Entretanto, o Presidente em exercício explicou o veto com base em parecer do Ministério da Justiça e da Secretaria de Políticas Para as Mulheres, no juízo de que "a alteração poderia levar a interpretações que contrariariam a sistemática vigente no Código Civil, inclusive com eventuais efeitos não previstos para o direito sucessório" (BRASIL, 2015, p. 7).

O argumento relativo à herança é explicado por Carlos Roberto Gonçalves (2016, p. 102):

> [Imagine] se, por exemplo, o genitor, recém-casado pelo regime da

separação de bens, veio a falecer, estando vivo os seus pais. Se o infante chegou a respirar, recebeu, *ex vi legis*, nos poucos segundos de vida, todo o patrimônio deixado pelo falecido pai, a título de herança, e a transmitiu, em seguida, por sua morte, à sua herdeira, que era a sua genitora. Se, no entanto, nasceu morto, não adquiriu personalidade jurídica e, portanto, não chegou a receber nem a transmitir a herança deixada por seu pai, ficando esta com os avós paternos (GONÇALVES, 2016, p. 102).

Com a devida vênia, tal posicionamento é facilmente rebatido pela óptica levantada por Maria Helena Diniz (2009), anteriormente mencionada. Em outras palavras, o feto, como aqui se propõe considerar, teria tão somente seus direitos da personalidade protegidos, desde o momento em que completasse 20 (vinte) semanas ou tivesse peso igual ou superior a 500 (quinhentos) gramas e/ou estatura igual ou superior a 25 (vinte e cinco) centímetros, tal como considera a Secretaria de Vigilância em Saúde do Ministério da Saúde (Portaria n° 116/2009), para diferenciar o aborto do óbito fetal.

Esse raciocínio não implica, de forma alguma, em qualquer tipo de interferência nos direitos sucessórios, pois aquela criança só desfrutaria de uma personalidade jurídica material, alcançando os direitos patrimoniais e obrigacionais, se nascesse com vida, apresentando respiração extrauterina. A proteção pretendida, pois, é de outra natureza, referente à dignidade daquele que, por pelo menos vinte semanas, apresentou vida intrauterina.

Destarte, fica bastante evidente que não há prejuízo ao ordenamento jurídico. A atribuição de nome ao nascituro, pelo viés concepcionista, é direito da personalidade daquele com vida intrauterina e tutela também sua dignidade, conceito intimamente relacionado ao nome civil, como se demonstrou no decorrer deste artigo.

Por fim, nomear os filhos finados é, de igual maneira, um evidente direito subjetivo dos pais. Assim o é, porque a CF confere à família proteção especial do Estado e garante o planejamento familiar livre. Sendo, por sua vez, o direito ao nome inviolável, por representar identidades e ancestralidades, pertencentes ao clã como um todo, não há como se pensar diferente.

Um entendimento contrário representa afronta à instituição

familiar e gera potencial dano moral, pois se ferem liberdades, planos e expectativas e, consequentemente, a própria dignidade dos pais.

Reitera-se aqui a lógica de Uadi Lammêgo Bulos, de acordo com o qual "[a dignidade humana] agrega em torno de si a unanimidade dos direitos e garantias fundamentais do homem", entre os quais o direito à família e a repassar o nome aos filhos, vivos em algum momento, em vez de reduzi-los ao substantivo "natimorto", em uma certidão civil.

Conclusões

Após o trabalho de pesquisa empreendido, fica evidente a necessidade de se reconhecer personalidade jurídica formal ao nascituro (relativa aos direitos da personalidade, sem implicações patrimoniais ou obrigacionais), e consequentemente ao natimorto, em respeito aos valores e princípios que balizam a Constituição Federal, sobretudo a dignidade humana, que deve guiar a interpretação de quaisquer outras normas do ordenamento jurídico pátrio.

Nesse viés, portanto, se analisada exegética e isoladamente, a Lei de Registros Públicos contraria o princípio fundante do Direito brasileiro, desrespeita o Código Civil (pontualmente o art. 2º, que resguarda os direitos do nascituro), fere direitos relativos à família e ao planejamento familiar, além de consubstanciar ultraje à dignidade daquele que possuía vida intrauterina, ao reduzi-lo ao *status* de coisa.

Saliente-se que a perda de um filho, por si só, é uma ferida que marcará a vida dos pais e familiares eternamente. Negar a concessão do nome àquele que já era sonhado, esperado e tratado como prole é ato danoso às expectativas e aos planos parentais, além de ir de encontro ao direito ao nome, como marca de identidade e de ancestralidade.

Embora, no país, alguns Estados já aceitem a possibilidade levantada neste artigo, como São Paulo, Paraíba, Pernambuco e Minas Gerais, ainda se está diante de um contexto nebuloso, que carece de uniformização. O veto do então Presidente em exercício, Michel Temer, simboliza retrocesso em uma matéria que tutela, exclusivamente, preceitos existenciais, sem oferecer prejuízos à segurança jurídica nacional.

Finalmente, espera-se que, com lucidez, discuta-se, cada vez mais, o tema em questão, primando-se pela pessoa humana acima de quaisquer outros aspectos, de modo que ninguém mais tenha que sofrer o constrangimento de ter, em mãos, uma certidão em que conste apenas a referência "natimorto", como se uma vida humana pudesse ser reduzida ao *status* de mera coisa, por força de uma norma jurídica mal interpretada.

Referências

AGÊNCIA ESTADO. Norma permite o registro do nome de natimortos no estado de SP. **Gazeta do Povo**. 05 mar. 2013. Disponível em: <https://www.gazetadopovo.com.br/vida-e-cidadania/norma-permite-o-registro-do-nome-de-natimortos-no-estado-de-sp-f2vom1hi6w6bh5vwi-dssxzefv> Acesso em: 10 mai. 2018.

ALVES, Jônes Figueiredo. O nome ao natimorto é um direito humanitário. **Revista Consultor Jurídico**. 05 ago. 2013. Disponível em: <https://www.conjur.com.br/2013-ago-05/jones-figueiredo-nome-natimorto-direito-humanitario>. Acesso em: 22 mai. 2018.

BRASIL. **Lei nº 10.406, de 10 de janeiro de 2002**. Institui o Código Civil. Disponível em: <http://www.planalto.gov.br/ccivil_03/Leis/2002/L10406.htm>. Acesso em: 20 mai. 2018.

_____. **Lei nº 6.015, de 31 de dezembro de 1973**. Dispõe sobre os registros públicos, e dá outras providências. Disponível em: <http://www.planalto.gov.br/ccivil_03/leis/L6015compilada.htm>. Acesso em: 20 mai. 2018.

_____. Câmara dos Deputados. **Projeto de Lei nº 5.171, de 19 de março de 2013**. Altera a redação do § 1º do art. 53 da Lei nº 6.015, de 31 de dezembro de 1973. Disponível em: <http://www.camara.gov.br/proposicoesWeb/fichadetramitacao?idProposicao=568302> Acesso em: 22 mai. 2018.

_____. Presidência da República. Despacho do Vice-Presidente da República no Exercício do Cargo de Presidente da República. Mensagem nº 231, de 30 de junho de 2015. **Diário Oficial da União**. Brasília, DF, n. 123, p. 7, 1 jul. 2015. Seção 1.

BULOS, Uadi Lammêgo. **Curso de Direito Constitucional**. 10. ed. São Paulo: Saraiva, 2017.

CARTÓRIO ARION CAVALHEIRO. Óbito – Natimorto. **Cartório Arion Cavalheiro.** 2012. Disponível em: <http://www.cartorioarioncavalheiro.com.br/obt_natimorto.php > Acesso em: 10 mai. 2018.

CAVALIERI FILHO, Sérgio. **Programa de Responsabilidade Civil.** 11. ed. São Paulo: Atlas, 2014.

DELLA BARBA, Mariana. Por que o Brasil é pior que 15 países da América Latina em incidência de natimortos? **BBC Brasil.** 19 jan. 2016. Disponível em: <https://www.bbc.com/portuguese/noticias/2016/01/160118_natimortos_estudo_lancet_mdb> Acesso em: 08 mai. 2018.

DINIZ, Maria Helena. **Código Civil Anotado.** 14. ed. São Paulo: Saraiva, 2009.

FARIAS, Cristiano Chaves de; ROSENVALD, Nelson. **Curso de Direito Civil:** parte geral e LINDB. 15. ed. Salvador: Juspodivm, 2017.

GONÇALVES, Carlos Roberto. **Direito civil brasileiro, volume 1:** parte geral. 14. ed. São Paulo: Saraiva, 2016.

SANDRI, Jussara Schimitt. Novas famílias, o Estatuto das Famílias e o anteprojeto do Estatuto da Diversidade Sexual. In: MEZZAROBA, Orides et al (Org.). **Direito de Família.** v. 7. 1. ed. Curitiba: Clássica Editora, 2014. p. 68-91. (Coleção Conpedi/Unicuritiba)

TARTUCE, Flávio. **Direito Civil, v. 1:** Lei de Introdução e Parte Geral. 12. ed. Rio de Janeiro: Forense, 2016.

SOBRE OS AUTORES

Alice Soares da Silva
Graduada em Direito pela Universidade Federal da Paraíba - Departamento de Ciências Jurídicas de Santa Rita. *(alicesoaresadvocacia@hotmail.com)*

Edhyla Carolliny Vieira Vasconcelos Aboboreira
Mestre em Direito pela Universidade Federal da Paraíba. Email: edhyla@yahoo.com.br

Ítalo Barbosa Leôncio Pinheiro
Mestre em Direito - Ciências Jurídico-Civilísticas, com menção em Direito Processual Civil pela Faculdade de Direito da Universidade de Coimbra/PT. Professor da UEPB e UNINASSAU. E-mail: italoblp@gmail.com

Lauro Ericksen
Doutor, mestre e bacharel em Filosofia (UFRN), especialista em Direito e Processo do Trabalho (UCAM-RJ), bacharel em Direito (UFRN). Professor da Pós-Graduação da UniFacex. Oficial de Justiça Avaliador Federal do Tribunal Regional do Trabalho da 21ª Região (RN). Graduando em Turismo (UFRN). Contato: lauroericksen@yahoo.com.br

Manuela Braga Galindo
Mestra e Doutoranda em Direitos Humanos no PPGCJ/UFPB. Professora do Departamento de Ciências Jurídicas – Santa Rita/UFPB. *(manuelabraaga@gmail.com)*

Maria Cristina Paiva Santiago
Doutora e mestre pela UFPB, advogada e professora nos cursos de graduação e pós-graduação no UNIPÊ

Monique Ximenes Lopes de Medeiros
Professora do Instituto Federal da Paraíba e Mestre em Direito pela Universidade Federal da Paraíba. Email: monique.medeiros@ifpb.edu.br

Nathália Ramalho Espíndola Beltrão
Advogada. Graduação em Direito pelo UNIPÊ

Tássio José Ponce de Leon Aguiar
Mestre em Comunicação e Culturas Midiáticas (PPGC/UFPB). Graduando em Direito (CCJ/UFPB). Monitor bolsista da disciplina Direito Civil I, ministrada pelo professor Dr. Wladimir Alcibíades Marinho Falcão Cunha. E-mail: tassioponce@gmail.com.

Wladimir Alcibíades Marinho Falcão Cunha
Doutor em Direito Civil pela Universidade de São Paulo (USP). Doutor em Direito Civil Comparado pela PUC/SP. Mestre em Direito pela Universidade Federal de Pernambuco (UFPE). Professor do Departamento de Direito Privado da Universidade Federal da Paraíba (UFPB). Juiz de Direito do Estado da Paraíba. E-mail: wamfalcao@uol.com.br.